1

FI FY HI

Dyma fi 'di gorffan y llun o Mam a Dad a Ger a fi o flaen tŷ ni. Dydi o ddim fath â ni go iawn chwaith. Biti na faswn i'n gallu sgwennu amdana i fy hun fel mae plant mawr yn cael neud i Steddfod Gŵyl Ddewi Capal. Ond mae'n rhaid i blant bach dosbarth babanod neud llun i Steddfod bob tro am nad ydan ni ddim 'di dysgu sgwennu'n iawn eto, meddan nhw. Ond taswn i'n gallu sgwennu, mi faswn i'n deud fy hanas i gyd…

Lusabeth ydi fy enw go iawn i ond mae pawb yn 'y ngalw i'n Beti am fod Lusabeth yn rhy hir. Dim ond Miss Prydderch Siop fydd yn 'y ngalw i'n Lusabeth.

"Elizabeth – enw *lovely*, fel un *Her dear Majesty*," medda hi gan droi i edrach yn gariadus ar lun y Cwîn sy'n hongian tu ôl i'r cownter wrth ymyl y tunia sbam. Mae Miss Prydderch yn meddwl y byd o'r Frenhinas a'i theulu i gyd. "*I was so glad* bod eich rhieni wedi dewis eich enwi ar ôl *Her Majesty* a chithau wedi eich geni *in the year of the Coronation* a'r cwbwl," medda hi wrtha fi ryw dro.

Pan soniais i wrth Dad be oedd Miss Prydderch wedi'i ddeud, mi fuo bron iddo fynd trwy'r to. A fuo fo ddim yn hir yn rhoi gwybod iddi 'mod i wedi fy enwi ar ôl Nain, ei fam o. Dwi ddim yn meddwl fod gan Dad fawr i ddeud wrth y Frenhinas na'i theulu, ond mae ganddo fo feddwl mawr o'i fam, er ei bod hi 'di marw ers pan oedd o'n hogyn bach.

Dwi'n byw yn tŷ ni efo Mam, Dad a Ger – 'mrawd mawr. Mae Ger ddeg mlynadd yn hŷn na fi. Mae'n braf cael brawd mawr achos mae o'n edrach ar fy ôl i a gwneud yn siŵr na cha i ddim cam. Ond dwi rioed wedi deud wrtho fo am Dinah Smith, achos fedra i ddim ffeindio'r geiria rywsut.

Yn Gwaith Mawr mae Dad yn gweithio ac mae o'n codi ben bora i gerddad yno efo dynion erill 'Rhendra. Mae bron pob dyn yn 'Rhendra'n gweithio yn Gwaith ac mi fydda i'n clywad sŵn eu traed nhw yn eu sgidia hoelion mawr yn mynd heibio tŷ ni bob bora.

Mae'r Gwaith Mawr ar ben mynydd uwchben 'Rhendra ac mi fydd 'na sŵn saethu'n dod o 'na ddwywaith bob dydd. Weithia, mi fydd y sŵn mor uchal nes bydd Stryd Ni'n crynu i gyd.

Mi faswn i wrth 'y modd yn cael mynd i Gwaith i golbio cerrig efo Dad. Ond lle peryg iawn 'di o, medda Mam, a dydi merchaid na phlant ddim yn cael mynd yno.

Dydi Dad ddim isio i Ger fynd i weithio yn Gwaith chwaith. Mae o'n deud bod isio iddo fo weithio yn yr ysgol er mwyn iddo fo gael mynd i'r coleg a chael job dda. Mae hyn yn beth rhyfadd, achos mi fydd Dad yn deud o hyd y basa wythnos yn chwaral yn gneud byd o les i bobl, ond ddim i Ger mae'n rhaid.

Mam sy'n edrach ar ôl y tŷ. Hi sy'n golchi dillad, smwddio, llnau a gneud bwyd i ni. Dydi Mam ddim yn un am roi llawar o fwytha i mi fel arfar, heblaw pan fydda i'n teimlo'n sâl. Mae cael mwytha gan Mam 'radag honno'n well nag unrhyw ffisig yn y byd.

Hi, fel arfar, sy'n deud row pan fydda i 'di gneud rhwbath drwg.

Pan o'n i'n ista ar ben grisia un tro yn gwrando arnyn nhw'n siarad, mi glywis i hi'n cwyno wrth Dad ei fod o'n fy nifetha i'n lân a 'mod i'n gallu ei droi o rownd 'y mys bach. Ond er na fydda i'n cael row gan Dad yn amal, mae gen i lawar mwy o ofn ei ddigio fo.

Mae'n siŵr *fod* Dad yn fy nifetha i, os ydi rhoi lot o fwytha yn difetha rhywun.

Dad fydd yn deud stori wrtha i cyn i mi fynd i gysgu bron bob nos. Mi fydd o'n ista ar lintal ffenast llofft ac yn deud pob math o storïa. Storïa'r Ynys 'di'r gora gen i. Yn rheiny, mae Mam, Dad, Ger a fi'n byw ar yr ynys 'ma ar ben ein hunain. Mae 'na bob math o betha

gwahanol yn digwydd i ni bob nos. Yr ora oedd pan
'nes i ffrindia efo llew ac ro'n i'n cael mynd ar ei gefn o
o gwmpas yr ynys.

Dwi'n meddwl fod Dad yn dechra rhedag allan o
syniada i'w deud yn Storïa'r Ynys erbyn hyn achos mi
ofynnodd o i mi'r noson o'r blaen faswn i'n licio cael
stori a honno'n para am byth.

"Ew, baswn," medda fi'n syth bìn.

"Ti'n siŵr?" medda fo wedyn.

"Yndw."

"Reit, 'ta," medda Dad a dyma fo'n dechra'r stori
oedd yn mynd i bara am byth.

"*Un tro,*" medda fo, "*roedd 'na hogyn bach yn gorwadd
ar ei gefn yn tŷ gwair, a dyma fo'n gweld pry bach yn
dŵad allan o dwll yn y to. A phry bach eto... a phry bach
eto... a phry bach eto... a phry bach eto...* "

Aeth hyn ymlaen am dipyn cyn i mi sylweddoli nad
oedd dim byd arall yn mynd i ddigwydd yn y stori. Ro'n
i 'di cael llond bol ar y pryfaid! A dyma fi'n gofyn i Dad
stopio.

"Wel, chdi ddudodd dy fod ti isio stori sy'n para am
byth," medda fo gan chwerthin, "ac rwyt ti 'di blino
arni'n barod!"

Un drwg 'di Dad am dynnu coes.

Mae tŷ ni ar ben draw stryd efo Siop Miss Prydderch
yn rhan ohono fo.

Yn llofft bach cefn bydda i'n cysgu fel arfar, lle mae'r
to'n dod lawr un ochor bron at y llawr. Mae 'na ffenast
fach yn y to ac mi fydda i'n licio gorwadd yn gwely

a gwrando ar y glaw yn disgyn ac yn gwneud sŵn fel cannoedd o forthwylion bach. Ond, weithia, mae'n oer iawn yn llofft bach ac mi fydda i'n methu cysgu. 'Radag hynny, mi fydda i'n dringo i mewn i'r gwely at Mam a Dad a swatio'n gynnas braf rhwng y ddau.

Doedd Mam a Dad ddim yn arfer cau cyrtans llofft ers talwm achos er bod tŷ ni ar ochor y ffordd does 'na ddim byd ond caea o'i flaen o. Ond, un noson, pan oeddan nhw'n gorwadd yn y gwely'n darllan efo gola 'mlaen, dyma nhw'n cael coblyn o sioc pan stopiodd bỳs newydd dybyl decar Moto Coch reit o flaen tŷ. A dyna lle roedd y bobl oedd yn ista ar lawr ucha'r bỳs yn codi llaw ar Mam a Dad a nhwytha yn y gwely.

Mae llofft Ger reit uwchben Siop Miss Prydderch ac mae o'n smalio fod ganddo fo ddrws yn y llawr o dan ei wely sy'n agor i'r siop a'i fod o'n cael fferis yn ystod y nos. Ond dwi'n gwybod mai malu awyr mae o achos mi es i o dan ei wely o un tro i drio dod o hyd i'r drws ond doedd 'na ddim un yno. Ond dydi hynny ddim 'di stopio fi ddeud y stori wrth hogia'r Stryd.

Am ein bod ni'n sownd i'r siop, mae 'na arwyddion mawr ar dalcan tŷ ni yn deud Brooke Bond Tea a Colman's Mustard. Dwi ddim yn gwybod be mae'r geiria'n feddwl ond maen nhw'n gneud tŷ ni'n wahanol i dai pawb arall.

Chydig wythnosa'n ôl, mi ddaeth 'na ryw ddyn efo fan a gosod mashîn jiwing gym ar wal tŷ ni hefyd. Rŵan, mae pobl yn rhoi ceiniog yn y mashîn, troi handlan, ac mae 'na bacad o jiwing gym yn disgyn allan. Rydach chi'n cael dau bacad am bris un bob chwechad tro, felly mi fydd Ger yn cyfri faint o bobl fydd wedi bod at y mashîn cyn iddo fo roi pres ynddo fo a chael dau bacad bob tro.

Dynas posh ydi Miss Prydderch Siop. Mae ganddi hi wallt du fel glo ac mae hi'n rhoi *rouge* ar ei bocha. Mi fydd hi'n cerddad o'i thŷ yn ganol 'Rhendra i'r siop efo ambarél 'di'i chau bob amsar, os 'di'n bwrw glaw neu beidio. "Angan ffon mae'r gryduras," medda Mam, "ond ei bod hi'n rhy falch i gyfadda hynny."

Fel dudis i gynna, mae hi'n ffrindia mawr efo'r Frenhinas ac mae hi'n licio troi i'r Susnag wrth siarad efo chi. Mae hi'n ddigon clên pan fyddwn ni'n mynd i'r siop yn y gaea ond does ganddi fawr o amsar i ni yn yr ha pan fydd y siop yn llawn fisitors.

Drws nesa ochor arall mae Anti Meri a Nain Drws Nesa'n byw. Dim ond un nain go iawn sy gen i, mam Mam, ac mae hi'n byw yng Nghae'r Delyn, ffarm yng nghanol y wlad ym Mhen Llŷn. Ond er mai un nain go iawn sy gen i, a dim un taid am eu bod nhw 'di marw cyn i mi gael 'y ngeni, rydw i'n galw nain a taid neu anti ac yncl ar rhan fwya o bobl y stryd er nad ydyn nhw'n perthyn i mi go iawn.

Lusabeth Huws ydi enw Nain Drws Nesa, 'run fath â fi, ac mae hi'n cael ei phen-blwydd 'run diwrnod â fi hefyd. Daeth 'na ryw ddyn o'r *Cymro* i dynnu'n llun ni ryw dro a'i roi o'n papur. Dwi ddim yn dallt am be oedd y ffys fod Nain Drws Nesa yn naw deg a fi yn ddim ond pump. Ond roedd hi'n neis cael llun yn papur.

Dynas fach ddistaw sy bron byth yn mynd allan o'r tŷ heblaw i Capal ar ddydd Sul ydi Anti Meri. Hi sy'n edrach ar ôl ei mam, Nain Drws Nesa.

Mi fydd 'na hogan ddiarth yn dod i aros i drws nesa weithia. Merch i ferch chwacr Anti Meri o Aberystwyth. Eirlys ydi'i henw hi ac mae hi tua tair blynadd yn hŷn na fi. Mae hi'n chwara efo fi, weithia, ond dwi'n cael traffath i ddallt be mae hi'n ddeud achos dydi hi ddim yn siarad fath â ni.

Un tro dyma hi'n gofyn, "Ti ishc dod 'da fi i'r toilet?"

Do'n i ddim yn gwybod beth oedd toilet, ond roedd o'n swnio'n lle crand iawn ffordd roedd Eirlys yn ei ddeud o. Felly dyma fi'n rhedag i'r tŷ a gofyn i Mam dynnu 'mrat gan fod Eirlys yn mynd â fi i rywle posh.

Mi ges i goblyn o ail pan ffendis i mai enw arall ar y peti oedd toilet.

Mae peti ni – neu toilet fel basa Eirlys yn ei ddeud – pen draw 'rar'. I gyrradd yno, mae'n rhaid i chi fynd allan trwy drws, croesi'r iard gefn, mynd i fyny steps, croesi llwybyr sy'n mynd heibio cefna tai Stryd Ni ac yna cerddad i ben draw 'rar'. Mi fydda i'n smalio bod gen i geffyl gwyn fel un y Lone Ranger yn aros ar ben steps ac mi fydda i'n gweiddi *"Ahoy Silver!"* cyn carlamu ar hyd llwybyr 'rar' i'r peti.

Drws nesa ond un, mae Anti Edith yn byw ac mae ganddi hi, yn wahanol i bawb arall yn Stryd, stafall 'molchi hefo bath a peti yn tŷ. Bathrwm mae hi'n galw'r lle.

Mi fydda i'n mynd i dŷ Anti Edith i ddysgu canu cyn Steddfod Gŵyl Ddewi Capal. Mae Anti Edith yn un dda ar y piano, a hi sy'n chwara'r organ yn Capal hefyd. Bydd Anti Edith yn ista wrth y piano ac mi fydda i'n gorfod sefyll wrth ei hochor hi i drio canu nes bydda i 'di blino'n lân. Ond fiw i mi gwyno, neu mi ga i goblyn o row, felly mi fydda i'n gofyn ga i fynd i'r bathrwm. Mi fydda i'n licio mynd yno achos mae 'na bapur wal efo llunia pysgod arno fo sy'n gneud i mi deimlo 'mod i'n nofio dan dŵr. Ew, mi faswn i'n licio cael bathrwm fath ag un Anti Edith yn tŷ ni.

Mi fydd Anti Edith yn dod at y drws a gofyn dwi'n iawn os bydda i 'di aros yno'n rhy hir, felly mi fydd rhaid i mi fynd yn ôl at y canu:

"Mi gefais i neges gan fy mam,

Nytmeg a sinsir a sinamon a mêl... "

Be ar y ddaear ydi nytmeg a sinsir a sinamon? Am negas...

"Paid â slyrio!"

Gan nad ydw i'n gwybod beth ydi slyrio, sut dwi i fod i beidio slyrio?

'Sa'n dda gen i tasa Steddfod Gŵyl Ddewi Capal drosodd i mi gael rhoi gora i ganu'r hen gân wirion 'ma!

"Tyd wir – mae'n rhaid i ti siapio hi, hogan. Dwyt ti ddim yn canu hannar mor dda â David Wyn drws nesa. 'Sa'n werth i ti ei glywad o'n canu 'Y Milwr Bychan' – mae ganddo fo lais fel angal."

Hy! Llais fel angal, wir – dydach chi ddim 'di clywad fersiwn David Wyn o'r emyn, meddyliais. Roedd o'n mynd o gwmpas lle ddoe gan weiddi canu:

"Rwyf innau'n gowboi bychan

Yn dysgu trin y gwn

I saethu pob un Indian

Bwm bwm bwm bwm bwm bwm!"

Drws nesa i Anti Edith, mae David Wyn a'i ddau frawd mawr, John Wyn a Gareth Wyn, yn byw efo Anti Sali ac Yncl Now. Mae David Wyn yn hogyn mawr ac mae o'n gwybod pob dim, medda fo. Mae o'n mynd i 'Rysgol Fawr yn Dre flwyddyn nesa. Fydd o ddim yn cymryd sylw ohona i fel arfar, yn enwedig os ydi rhai o'r hogia mawr erill efo fo. "Hegla hi, Beti Bwt!" fydd o'n ddeud 'radag honno. "Dwi'm isio hen hogan bach dew fath â chdi dan draed!"

Mae David Wyn wedi gwirioni efo cowbois ac mae ganddo fo lun o Defi Crocet ar wal yn tŷ. Bob dydd Sadwrn, mi fydd o'n cael mynd i pictiwrs yn Dre efo'i ddau frawd i weld ffilmia cowbois ac yna mi fydd o'n actio'r storis ar ôl dod adra.

Ro'n i'n ista ar ben grisia yn gwrando ar Anti Sali a Mam yn siarad un diwrnod ac mi glywis i Anti Sali'n deud rhwbath am gael babi arall.

"Mi fasa'n braf cael hogan bach tro 'ma," medda hi.

Yn ddistaw bach, dwi ddim isio hynny achos dwi'n licio bod yr unig hogan yn Stryd.

Drws nesa wedyn mae Nain a Taid Si-So'n byw. Mi fyddwn i'n arfar byw a bod yn fanno 'stalwm, ond dwi ddim yn mynd yno llawar erbyn hyn.

'Pobl ddŵad' ydi Mr a Mrs Roberts sy'n byw yn Nymbyr Nain. Doeddwn i ddim yn gwybod beth oedd hynny'n ei feddwl ond mi ddudodd Dad mai pobl sy wedi dod i fyw i 'Rhendra o rwla arall ydi pobl ddŵad. Dwi'n methu dallt hynny achos dwi'n siŵr eu bod nhw'n byw yn Stryd Ni ers cyn i mi gael 'y ngeni. Mae gan Mr a Mrs Roberts un hogyn, Alwyn Roberts, sy bron i flwyddyn yn hŷn na fi, fel mae o'n licio deud wrtha i o hyd.

Yn Tŷ Pen mae Rodney Bach a'i fam. Dwi rioed 'di bod i mewn yn eu tŷ nhw. Dydi tad Rodney Bach ddim yn byw efo nhw. A deud y gwir, welis i rioed olwg o'i dad o. Ond mae ganddo fo lot fawr o yncls. Mae Rodney yn llai na fi. Mae'n braf cael rhywun llai na chi weithia achos mae hogia erill Stryd Ni i gyd yn fwy na fi a tydyn nhw ddim isio chwara efo fi bob amsar. Ond mae Rodney yn barod i chwara o hyd, os nad ydi o'n sâl. Y drwg ydi, mae o'n sâl yn reit amal.

2

SI-SO

"Si-so, Jac-y-do,
Dal y deryn ar ben to,
Mynd i Lundain i roi tro,
Dyna ddiwedd Jac-y-do."

Welis i rioed mo Nain Si-So allan o'r tŷ. Mae hi'n treulio trwy'r dydd, bob dydd, naill ai'n ista ar ei chadair siglo o flaen tân neu wrth y ffenast yn edrach ar bawb yn mynd heibio. Dwi ddim yn meddwl ei bod hi'n licio llawer o bobl gan y bydd hi'n cwyno am bron pawb ac yn deud *"For shame!"* pan fyddan nhw'n mynd heibio.

"Wyddost ti be?" medda hi wrtha i un tro. "Mae Mrs Roberts drws nesa 'ma'n smocio fel dyn. *For shame,* wir!"

"Yndi, dwi'n gwbod," medda fi. "Mae Mam yn smocio hefyd – smocio pegs wrth roi dillad ar lein."

Mi chwerthodd Nain Si-So pan ddudis i hynny – un o'r chydig droeon i mi ci gweld hi'n chwerthin go iawn erioed.

"Aspidistra mae hogia 'Rhendra'n ei galw hi, 'sti,"

medda David Wyn wrtha i ryw dro. Do'n i ddim yn dallt pam. "Ti mor ddi-ddallt weithia, Beti Bwt!" medda fo cyn rhedag i ffwrdd.

Ond er mor gas ydi Nain Si-So pan fydd hi'n ista wrth ffenast yn cwyno am bawb, dydi hi ddim mor rhyfadd 'radag honno ag y bydd hi pan fydd hi'n ista ar ei chadair siglo.

Taid Si-So fydd yn mynd allan i neud negas, a fo, am wn i, sy'n llnau ac yn gneud bwyd hefyd. "Yr hen gricmala 'na'n ei hambygio hi," dyna fydd o'n ei ddeud bob tro bydd rhywun yn ei holi o am ei wraig. Bob dydd Iau, mi fydd o'n mynd i Dre ar Moto Coch i nôl ffisig sbesial iddi. Mae'n rhaid fod Nain Si-So'n ddynas sâl iawn achos mae hi'n gorfod cael llond bag o boteli ffisig o Dre bob wythnos.

Mae tu mewn i dŷ Nain a Taid Si-So'n dywyll ac yn teimlo'n damp ac yn oer iawn ac mae'n rhaid i chi wisgo lot o ddillad amdanach i gadw'n gynnas yna, hyd yn oed pan fydd hi'n braf allan. Mae ganddyn nhw ryw fath o dân mwg yn mudlosgi bob amsar, ond does 'na byth fflama mawr melyn cynnas fath â sy 'na yn tŷ ni.

"Maen nhw ar eu pensiwn, cofia, a does ganddyn nhw ddim llawar o bres i brynu fawr o lo," medda Dad pan ofynnis iddo pam nad oedd eu tân nhw fath â'n tân ni. Dwi ddim yn siŵr iawn be ydi bod ar eu pensiwn ond dwi'n meddwl fod o'n rhwbath i neud efo bod Taid Si-So'n rhy hen i weithio yn Gwaith Mawr.

O dan eu ffenast ffrynt, mae 'na fwrdd efo drôr ynddo fo. Yn fanno y bydda 'nghyflog i'n arfar cael ei gadw. Wrth y bwrdd yma y bydd Nain Si-So'n ista pan fydd hi'n edrach allan trwy ffenast.

Pan fyddwn i'n arfar mynd yno bron bob dydd, mi fydda Nain Si-So weithia'n ista ar ei chadair siglo o flaen y tân mwg efo siôl am ei 'sgwydda i'w chadw'n gynnas. A dyna lle bydda hi'n siglo'n ara deg gan edrach i fyny ar y wal uwchben y silff ben tân.

Dyna pryd roeddan ni'n chwara'r gêm.

Mae 'na ddigon o betha i edrach arnyn nhw ar silff ben tân Nain a Taid Si-So, fel y ddau gi ornament ar bob pen ac ornament arall o fuwch goch a'i llo yn y canol. Wrth ochor un o'r cŵn, mae 'na lun priodas hen ffasiwn, a Nain Si-So'n ddynas ifanc, ddel mewn ffrog laes yn ista ar gadair a Taid Si-So yn sefyll tu ôl iddi mewn siwt efo tsiaen watsh grand. Wrth ochor y ci arall, mae 'na lun o Taid Si-So pan oedd o'n ifanc mewn dillad soldiwr efo gwn yn ei law a chap pig ar ei ben. Pan ofynnis i i Nain Si-So pam nad oedd o'n gwenu yn y llun, dyma hi'n deud, "Amsar ofnadwy oedd o – hogia ifanc i gyd yn cael eu gyrru i gwffio'r Jyrmans yn y ffosydd yn Ffrainc."

Roedd 'na lwyth o fwledi a shels o Rhyfal ar y silff ben tân hefyd rhwng yr ornaments a'r llunia ac mi fyddan nhw'n sgleinio fel swllt am fod Taid Si-So'n eu polisho nhw bob dydd. Oedd Taid Si-So wedi dod â'r bwledi a'r shels adra o Rhyfal yn barod i saethu Jyrmans os basan nhw'n dod i pentra ni? Lle oedd ei wn o? Ro'n i wedi gweld digon o ffilmia cowbois i wybod bod yn rhaid i chi gael gwn i saethu bwledi. Doedd fiw i mi holi gan fod Nain Si-So wedi deud wrtha i am beidio sôn am y Rhyfal wrth Taid.

Ond er bod 'na ddigon o betha i Nain Si-So edrach arnyn nhw ar y silff ben tân, ro'n i'n cael y teimlad bod ei llgada hi'n codi'n uwch, a'i bod hi'n syllu am oria ar y llun brown oedd yn hongian uwchben y lle tân. Llun o hogan bach tua tair oed oedd o. Roedd yr hogan bach yn gwisgo dillad hen ffasiwn ac roedd ei gwallt hi'n disgyn yn gyrls gola am ei 'sgwydda.

Yn union fel roedd Nain wedi deud wrtha i am beidio sôn am Rhyfal wrth Taid, roedd o 'di deud wrtha i am beidio deud dim am lun yr hogan bach wrth Nain. Pobl ryfadd ydi Nain a Taid Si-So – mae ganddyn nhw lot o gyfrinacha nad ydach chi ddim i fod i sôn amdanyn nhw.

Dwi ddim yn cofio'n iawn pryd y dechreuodd y gêm, ond dwi'n cofio nad o'n i fod i ddeud wrth neb be oeddan ni'n neud yno.

"Ein sîcret bach ni ydi o," medda Taid Si-So. "Paid ti â deud wrth neb."

Mae'n siŵr 'mod i tua tair oed pan 'nes i ddechra mynd i'w tŷ nhw bob dydd. Yr un fydda'r drefn bob amsar. Os bydda Nain yn ista ar y gadair siglo, mi fyddan ni'n chwara'r gêm. Mi fydda Taid yn 'y nghodi i ar ei glin. Yna, mi fydda hi'n fy lapio yn ei siôl a 'ngwasgu i'n dynn i'w chesail. Roedd 'na ryw ogla melys, rhyfadd ar Nain Si-So 'radag honno – ogla tebyg i ogla ffisig annwyd Dad.

Yna, mi fydda Taid Si-So'n mynd i sefyll tu ôl i'r gadair yn union fel roedd o yn y llun priodas ac mi fydda fo'n rhoi gwth iddi nes roedd hi'n siglo'n ôl a blaen.

Yna, mi fydda'r ddau yn canu:

"Si-so, Jac-y-do,
Dal y deryn ar ben to,
Mynd i Lundain i roi tro,
Dyna ddiwedd Jac-y-do."
Weithia, mi fyddwn i'n mynd i gysgu go iawn ar lin Nain Si-So. Ond fel arfar dim ond smalio cysgu o'n i ac mi fyddwn i'n ei chlywad hi'n siarad efo fi ac yn 'y ngalw i'n Iris Bach.
"Ond, Nain Si-So, *Beti* ydi'n enw i, ddim Iris!" medda fi un tro.
Stopiodd y siglo'n stond ac edrychodd Nain Si-So arna i fel ei bod hi 'di gweld ysbryd.
Gafaelodd Taid Si-So yndda i a mynd â fi at y drws yn syth bìn.
"Paid ti byth â deud hynna wrthi eto neu mi rwyt ti'n sboilio'r gêm. Mae isio i ti smalio mai Iris wyt ti – ac i neud petha'n well byth, galwa Nain yn Mami," medda fo. "A cofia, dim gair wrth neb!"
Do'n i ddim yn dallt be oedd tu ôl i'r gêm ond ro'n i'n ddigon bodlon cario 'mlaen achos ro'n i'n cael cyflog gan Taid Si-So bob wythnos. Tiwb o Smarties weithia neu Spangles. Amball waith, mi fyddwn i'n cael fy ffefryn – paced o Ddoli Mixtures.
Roedd y cyflog yn cael ei gadw yn drôr bwrdd lle byddwn yn ista i'w bwyta ar ddiwedd y gêm. Do'n i byth yn cael mynd â nhw allan o'r tŷ rhag ofn i Mam neu rywun 'y ngweld i a holi lle ro'n i 'di cael y fferis.
Aeth y gêm ymlaen am hir, hir, ac roedd Mam yn dechra holi pam o'n i'n mynd i dŷ Nain a Taid Si-So mor amal.

"Be ti'n neud yn mwydro'r hen bobol o hyd? Mi fasa'n well i chdi chwara allan mwy efo dy ffrindia."

"Ond, Mam, does gen i ddim ffrindia go iawn yn Stryd 'ma. Dim ond hen hogia sy 'ma. A dwi'n licio mynd i dŷ Nain a Taid Si-So. Maen nhw'n ffeind efo fi ac yn rhoi lot o sylw i mi."

Y noson honno, pan o'n i'n ista ar ben grisia'n gwrando, mi glywais i Mam yn deud wrth Dad nad oedd hi'n hapus o gwbwl 'mod i'n treulio gymaint o amsar yn nhŷ Nain a Taid Si-So.

"Ti'n gwbod be ma bobol yn ddeud amdani hi a'i phroblam. Dydi o ddim yn iach i'r hogan 'ma fod yn gneud gymaint efo nhw."

Chwerthin nath Dad a deud wrth Mam am beidio gwrando ar straeon pobl. "Licio cael cwmni plentyn maen nhw, siŵr. Maen nhw'n bobol unig iawn, cofia, ac os ydi Bet ni'n rhoi rhywfaint o gysur iddyn nhw, wel... "

Fuo 'na ddim mwy o sôn am y peth ar ôl hynny, ond mi 'nes i ddechra peidio mynd i'w tŷ nhw cweit mor amal er mwyn cadw Mam yn hapus.

A phan 'nes i ddechra mynd i 'Rysgol, doedd gen i ddim gymaint o amsar i fynd i'w gweld nhw ac roeddan nhw'n cwyno 'mod i wedi newid.

"Dim ein hogan bach ni wyt ti ddim mwy," meddan nhw. "Dwyt ti byth yn dod yma rŵan."

Felly mi ddaeth y gêm a'r cyflog i ben.

A deud y gwir, ro'n i'n eitha balch ei fod o drosodd,

achos ro'n i wedi dechra meddwl fod 'na rwbath yn od yn yr holl beth. Ac er 'mod i'n liciu'r sylw'n iawn – a'r cyflog, wrth gwrs – roedd yn rhyfadd cael 'y ngalw'n Iris a gorfod galw Nain Si-So'n Mami.

Un diwrnod pan doedd 'na ddim Ysgol dyma fi'n meddwl y baswn i'n mynd i'w gweld nhw eto. Er i mi gnocio'r drws, nath neb atab, felly dyma fi'n gwasgu'r gliciad a mynd i mewn. Doedd 'na ddim golwg o Taid Si-So, ond roedd Nain Si-So'n ista ar y gadair siglo yn hannar siarad a hannar crio efo hi hun. 'Runig beth ro'n i'n ddallt oedd yr enw Iris. Roedd 'na botal ffisig werdd yn ei llaw hi ac roedd hi'n llowncio allan ohoni bob hyn a hyn.

Doedd hi ddim wedi sylwi 'mod i yno yn sefyll tu ôl i'r gadair siglo ond ro'n i'n meddwl mae'n siŵr fod Nain Si-So'n sâl iawn gan ei bod hi'n yfad gymaint o ffisig. Felly dyma fi'n cerddad rownd y gadair a sefyll rhyngddi hi a'r lle tân.

"Dach chi'n iawn, Nain Si-So?" medda fi.

Stopiodd siglo ac edrach yn syn arna i.

"Iris bach, ti 'di dŵad adra at Mami!" medda hi.

Roedd 'na olwg rhyfadd ar ei gwynab hi ac roedd ei llgada fel soseri yn ei phen.

Yn sydyn ro'n i'n teimlo'n ofnus ac ro'n i isio dianc. Ond wrth i mi ddechra symud at y drws, dyma Nain Si-So'n codi o'r gadair ar goblyn o sbîd, gollwng y botal ffisig ar lawr a gafael yn 'y mraich i.

"Iris bach, paid â mynd," medda hi. "Aros efo Mami."

A dyma hi'n fy llusgo i 'nôl at y gadair siglo.

Ro'n i wedi dychryn go iawn erbyn hyn. Doedd hyn ddim fel y gêm roeddan ni'n arfar chwara. Lle roedd Taid Si-So?

Dyma fi'n dechra strancio a chicio i gael mynd yn rhydd, ond roedd hi'n dal i afael yn dynn yndda i.

"Gadwch i mi fynd! *Beti* ydw i, ddim *Iris!*"

Pan glywodd hi hyn, mi aeth Nain Si-So'n hollol lipa a dyma'i gwynab hi'n cracio a dyma'r dagra mawr trwm 'ma'n dechra rhowlio lawr ei bocha hi.

"Dim Iris?! Lle mae Iris 'ta? Dwi isio Iris! Iris bach, tyd at Mami! Iris! Iris!" Roedd hi'n sgrechian trwy'i dagra.

Ro'n i wedi symud at y drws erbyn hyn ond fedrwn i ddim mynd allan, achos fedrwn i ddim ei gadal hi fel 'na. Roedd gen i gymaint o ofn, roedd 'y nghoesa i'n crynu ac ro'n i wedi neud pi-pi yn fy nicyrs.

Lle roedd Taid Si-So?

Ar ôl dipyn, stopiodd Nain Si-So sgrechian. Dyma hi'n codi'r botal ffisig wag oddi ar lawr, cerddad yn simsan at y cwpwrdd ac estyn potal arall. Yna dyma hi'n mynd 'nôl i ista ar y gadair siglo a dechra siglo 'nôl a 'mlaen a dechra canu:

"Si-so, Jac-y-do,

Dal y deryn ar ben to,

Mynd i Lundain i roi tro,

Dyna ddiwedd Jac-y-do."

Dyma fi'n agor drws a mynd o 'na nerth 'y nhraed.

3

MYND I 'RYSGOL

"Bo-re da Miss Jen-kins. Sut ma'ch mam Miss Jen-kins?"

"Bore da, blant. Mae Mam yn bur dda, diolch. Eisteddwch!"

Fel 'na 'dan ni'n dechra'r ysgol bob bora. Rydan ni'n siarad yn rhyfadd efo Miss Jenkins, rhyw hannar canu hannar siarad fath â Person yn 'Reglwys.

Dwi ddim yn gwybod pam ydan ni'n holi sut mae mam Miss Jenkins. Dwi'n siŵr nad oes 'run o'r plant yn nabod y ddynas gan ei bod hi'n byw i ffwrdd, ond mi rydan ni'n gofyn sut mae hi bob bora. Mae Ger yn deud ei fod o'n arfar gofyn 'run peth pan oedd o yn dosbarth Miss Jenkins ac roedd hynna ddeng mlynadd yn ôl. Mae'n siŵr fod trwyn mam Miss Jenkins yn cosi'n ofnadwy efo gymaint yn holi amdani.

Dwi'n cofio 'niwrnod cynta yn 'Rysgol yn iawn. Dydd Llun ar ôl 'y mhen blwydd yn bedair oed oedd hi. Ro'n i wedi bod yn edrach ymlaen ers wythnosa i gael dechra yn 'Rysgol achos ro'n i wedi cael llond bol ar David Wyn ac Alwyn Roberts yn 'y ngalw i'n 'fabi adra'.

Wythnos cynt roedd Mam wedi mynd â fi i'r siop sgidia sy ar ben 'Rhendra. Siop ryfadd ydi'r siop sgidia. Fel rydach chi'n agor y drws, mae 'na gloch yn canu'n uchal er mwyn i Mrs Wilias, sy'n byw yn cefn, wybod bod 'na rywun wedi dod i mewn i'r siop. Wedyn, mi fydd hi'n dŵad drwadd o'r tu ôl i'r cyrtans 'ma fath â'i bod hi ar lwyfan. Mae 'na filoedd o sgidia yn y siop a rheiny i gyd mewn bocsys ar silffoedd sy'n cyrradd at y to. Er eich bod chi'n gwybod yn iawn pa sgidia rydach chi isio ers meitin, mae Miss Wilias yn dal i nôl mwy a mwy i chi drio nes yn diwadd dach chi 'di mwydro'n lân.

Yn diwadd, mi ges i bar o fwtîs efo sip a ffyr cynnas tu mewn iddyn nhw.

"Mi fyddan nhw'n cadw dy draed di'n gynnas drwy'r gaea wrth i ti fynd i'r ysgol," medda Mam. "Dwi wedi gneud yn siŵr dy fod ti wedi cael rhai digon mawr er mwyn iddyn nhw bara dipyn i ti achos mae dy draed ti'n tyfu fel dwn i ddim be dyddia yma. Mi ro i wadin yn eu blaena nhw fel eu bod nhw'n ffitio'n well."

Ar ôl gadael siop sgidia, mi aeth Mam â fi i lawr lôn i siop ddillad yn y Stôr, lle ces i binaffor drès a chôt gabardîn wyrdd efo hwd arni.

Do'n i rioed wedi cael cymaint o ddillad newydd sbon o'r blaen. Dillad ar ôl fy nghneithar fawr sy'n byw ym Mhen Llŷn fydda i'n gael fel arfar. Roedd Miss Neugent sy'n gweithio yn siop ddillad yn deud 'mod i'n edrach fel Prinses Ann.

"Mam, pwy ydi Prinses Ann?"

"Hogan bach y Cwîn, dwi'n meddwl."

Tydi hi'n rhyfadd fel mae merchaid siopa'n meddwl

gymaint o'r Frenhinas a'i theulu?

Noson honno, rocdd yn rhaid i mi gael trio'r gêr i gyd er mwyn i Dad a Ger gael 'y ngweld i.

"Wel, rwyt ti'n edrach rêl hogan ysgol," medda Dad. Roedd hyn yn plesio llawar mwy na chlywad 'mod i fel rhyw Brinses Ann. Dillad i fynd i'r ysgol oedd Mam wedi'u prynu ac fel hogan ysgol ro'n i isio edrach.

"Ond mae 'na un peth ar goll," medda Dad. "Mae 'na barsal i ti yn cwpwrdd dan grisia."

Bag ysgol oedd yn y parsal – un brown efo strap er mwyn i mi allu ei gario fo dros fy ysgwydd. Ro'n i 'di gwirioni'n lân.

"Agor o," medda Ger, "i weld oes 'na rwbath tu mewn."

Ac yn wir i chi, roedd 'na focs pensilia pren yn y bag a hwnnw'n llawn o betha sgwennu. Ro'n i'n teimlo mai fi oedd yr hogan fwya lwcus yn y byd a fedrwn i ddim aros i gael dechra yn yr ysgol.

Mi ddaeth y diwrnod o'r diwadd.

Dyna lle ro'n i yn fy nillad newydd a'r bag dros fy ysgwydd yn cychwyn i 'Rysgol am y tro cynta a Mam yn gafael yn fy llaw.

Daeth Anti Meri drws nesa i'r drws i godi llaw fel roeddan ni'n mynd heibio. Edrychais at ffenest Nain a Taid Si-So ac ro'n i'n meddwl 'mod i'n gallu gweld Nain Si-So'n sbecian tu ôl i'r cyrtans lês ond do'n i ddim yn siŵr.

Roedd Anti Sali, mam David Wyn, a mam Alwyn Roberts yn sgwrsio tu allan i'w drysa pan oedd Mam a fi'n mynd heibio.

"Wel, wir," medda Anti Sali, "pwy 'di'r hogan fawr

'ma sy'n mynd i 'Rysgol?"

"Mae hi'n ddigon o sioe," medda Mrs Roberts.

Ro'n i wrth 'y modd efo'r holl sylw.

"Mae merchaid y stryd 'ma'n dy ddifetha di'n lân yn rhoi gymaint o sylw i ti," medda Mam gan ysgwyd ei phen. Ond dwi'n meddwl fod Mam ei hun yn eitha balch ohona i hefyd, er na fasa hi byth yn deud.

Mae 'Rysgol ochor arall i 'Rhendra ac wrth i ni ddod yn nes, ro'n i'n dechra teimlo 'mod i'n bell iawn o Stryd Ni. Dechreuais gael poen yn fy mol a dyma fi'n gwasgu llaw Mam yn dynnach.

"Ga i ddod adra os fydda i ddim yn licio yna?"

"Mi fyddi di wrth dy fodd, siŵr iawn," medda Mam, "ac mi fydd hi'n amsar i ti ddod adra cyn i ti droi rownd. Cofia di fod yn hogan dda rŵan, a paid â gneud traffath i Miss Jenkins."

Doedd Mam ddim yn iawn; roedd yr amsar yn yr ysgol yn hir, hir, ac roedd y poen yn fy mol yn mynd yn waeth ac yn waeth. Roedd gen i lwmp yn fy ngwddw hefyd. Mi driais 'y ngora i beidio crio achos do'n i ddim am wneud traffath i Miss Jenkins. Ond yn y diwadd, y dagra nath ennill a dyma fi'n dechra beichio crio.

Mi fuo Miss Jenkins yn hynod o glên efo fi a dyma hi yn fy rhoi i ista ar ei glin a sychu 'nagra efo'i hancas. Ar ôl i mi ddod ataf fy hun, dyma fi'n deud sorri am neud traffath.

"Peidiwch â cymryd sylw ohona i, Miss Jenkins," medda fi. "Dwi wedi cael fy nifetha gan ferchaid y stryd."

Am ryw reswm, mi ddechreuodd Miss Jenkins chwerthin ar ôl i mi ddeud hyn ac wrth ei chlywad hi'n chwerthin, ro'n i'n teimlo'n well hefyd.

Rhoddodd Miss Jenkins fi i ista wrth ochor hogan bach arall, Alwen Mai. Doeddwn i rioed wedi cael ffrind hogan o'r blaen ac mae Alwen Mai a fi'n ffrindia gora erbyn hyn ac rydan ni'n dal i ista wrth ochor ein gilydd yn dosbarth.

Mae 'na dri dosbarth yn yr ysgol i gyd. Dosbarth Miss Jenkins ydi'r dosbarth babanod. Dwi ddim yn licio'n bod ni'n cael ein galw'n fabanod chwaith achos dim babis ydan ni.

Pan fyddwn ni'n gorffan yn dosbarth Miss Jenkins mi fyddwn ni'n mynd i Standard Wan at Miss Lewis. Mae'n rhaid bod Miss Lewis yn hen ofnadwy, achos roedd hi'n dysgu Dad pan oedd o'n hogyn bach.

Mae'r plant mawr fath â David Wyn yn cael eu dysgu gan Mr Pritchard y Prifathro, lle maen nhw'n gorfod gneud symia a sgwennu Susnag trwy'r dydd ar gyfar y Sgolarship. Mae'r Sgolarship yn beth pwysig ofnadwy, medda David Wyn achos os ydach chi'n pasio hwnnw, rydach chi'n cael mynd i'r Cownti Sgŵl yn Dre ac wedyn cael joban dda, medda fo. Ond, os ydach chi'n methu, mi fydd rhaid i chi fynd i Ysgol Sentral a gweithio yn Gwaith Mawr wedyn. Dwn i ddim be sy'n digwydd i genod chwaith achos dydi genod ddim yn cael mynd i chwaral. Mae'n rhaid nad ydi Sgolarship ddim yn bwysig i ni.

Diolch byth, mae 'na ddigon o amsar tan fydd rhaid i mi boeni am hynny ac mae gen i ddigon i'w ddysgu'n dosbarth Miss Jenkins am rŵan.

Ar ôl i mi ddysgu'r llythrenna i gyd, mi ges i fy llyfr darllen cynta.

D – y – m – a S – a – m.
D – y – m – a M – a – i – r.
D – y – m – a S – a – m a M – a – i – r.

Peth fel hyn oedd darllan felly. Pwy oedd y Sam a Mair 'ma? I be oedd isio deud yr un peth drosodd a throsodd?

Doeddwn i'n hidio fawr am y llyfr darllan cynta. Ond ar ôl i mi ddysgu darllan am Sam a Mair, o'r diwadd, mi ges i lyfr llawar gwell am y lorri fawr goch yn mynd i fyny'r bryn a'r crochan 'ma'n disgyn o gefn y lorri. Yna mae Bet yr iâr yn gneud tŷ bach twt allan o'r crochan. Mae 'na lawer o anifeiliaid yn dod i fyw i'r tŷ bach twt efo Bet yr iâr ond, yna, mae Mic y mochyn tew yn ista ar ben y tŷ bach twt.

Dim tŷ bach twt, dim Bet yr iâr...

Mi 'nes i grio wrth ddarllan diwadd y llyfr, ond, ew, roedd o'n dda. Ond pam bod ieir o hyd yn cael eu galw 'run enw â fi? Beti Glwc Glwc a rŵan Bet yr iâr yn y stori yma!

Dyna i chi sgwennu wedyn. Rydan ni'n gorfod sgwennu petha rhyfadd fel:

Mae Mam yn y cae.

Pam bod isio deud peth mor wirion? Buwch neu ddafad sy yn y cae. Yn tŷ mae Mam, nid mewn cae!

Mae Miss Jenkins yn rhoi symia i ni neud bob bora. Mae'n gas gen i nhw ac mi fydda i'n edrach ymlaen i ddiwadd y wers bob tro. Dydi Alwen Mai fawr o help chwaith – mae hi'n fwy di-glem na fi! Mi ges i syniad da un diwrnod. Roeddan ni wedi cael symia ofnadwy o anodd i'w gwneud, felly dyma fi'n codi'n llaw a gofyn yn fy llais Person yn 'Reglwys gora, "Os gwe-lwch yn dda Miss Jen-kins, ga i fynd i'r cefn efo paaa-pur?" Wedyn dyma fi'n rhwbio fy mol fel 'mod i mewn poena. Mi weithiodd y tric, a dyma Miss Jenkins yn torri striba o'r papur tŷ bach i mi a fy siarsio i beidio bod yn hir. Ro'n i allan o'r dosbarth mewn chwinciad a dyna lle ro'n i'n rhedag yn rhydd ar draws yr iard tuag at y peti gyda'r stribad bapur yn chwifio tu ôl i mi fel baner.

Mi driais i'r tric diwrnod wedyn hefyd, ond cwbwl nath Miss Jenkins y tro hwnnw oedd deud wrtha i am gario 'mlaen efo 'ngwaith. Dwi'n meddwl ei bod hi wedi gweld trwy 'nhric i.

Pnawn dydd Gwener ydi'r amsar gora gen i yn yr ysgol achos mi fyddwn ni'n cael chwara efo'r tegana o'r cwpwrdd mawr bryd hynny tra bydd Miss Jenkins yn sgwennu wrth ei desg.

Set o lestri te coch a melyn ydi'r gora gen i ac Alwen Mai. Mi fyddwn ni'n smalio ein bod ni'n gneud te parti efo nhw. Wedyn mi fydd Terence Babi Mam yn dŵad i smalio byta. Un da am fyta ydi Terence hefyd. Bob amsar chwara, mi fydd ei fam o'n dŵad at giât yr iard ac yn rhoi llwyth o frechdana jam iddo fo. "Dyna ti, Terence, 'y ngwas i," fydd hi'n ddeud. "Ma'n siŵr dy fod ti bron â llwgu. Byta di rhein rŵan. Mi wnân nhw damad bach i aros pryd." A dyna lle bydd Terence yn stwffio'r brechdana i'w geg er mwyn trio'u gorffan nhw i gyd cyn i'r gloch ganu.

Ar ôl i ni dwtio a chadw'r tegana 'nôl yn cwpwrdd, mi fydd Miss Jenkins yn deud wrthan ni am ddŵad i ista wrth ei desg hi er mwyn i ni gael stori cyn mynd adra.

Mae 'na lun rhyw ddyn efo gwallt gwyn ar y wal wrth ymyl desg Miss Jenkins. Mae Alwen Mai a fi'n meddwl yn ddistaw bach mai cariad Miss Jenkins ydi o. Dwi'n meddwl mai Emrys ydi ei enw iawn o, ond mae Miss Jenkins yn ei alw fo'n 'O! Em' ac mi fydd hi'n sbio'n gariadus ar y llun bob dydd ac yn deud wrthan ni mor lwcus ydan ni fod O! Em wedi mynnu'n bod ni'n cael siarad Cymraeg yn yr ysgol.

Ers talwm, roedd plant bach Cymru yn gorfod gwisgo rhyw bren rownd eu gyddfa efo 'W.N.' wedi'i sgwennu arno fo ac wedyn roeddan nhw'n cael cansan os oeddan nhw'n siarad Cymraeg yn yr ysgol, medda Miss Jenkins. Diolch byth am O! Em dduda i wir – heblaw amdano fo, mi faswn i a phawb arall yn dosbarth, heblaw am Alwen Mai, yn cael cansan bob dydd achos does ganddon ni fawr o Susnag.

Un diwrnod, mi ddaeth 'na hogan newydd i'n dosbarth ni. Alison Burtram ydi'i henw hi a doedd hi ddim yn gallu siarad gair o Gymraeg pan gyrhaeddodd hi. Fe roddodd Miss Jenkins hi i ista wrth ymyl Alwen Mai a fi a gofyn i ni edrach ar ei hôl hi.

Yn y dechra, doedd hi'n gneud dim ond crio bob munud a doedd Alwen Mai a fi ddim yn siŵr iawn be i neud efo hi.

Amsar chwara, dyma ni'n gafael ynddi, un bob llaw, a mynd â hi o gwmpas yr iard gan bwyntio at bob dim a trio dysgu'r enwa Cymraeg iddi, ond roedd hi'n dal i grio. Yna, dyma Alwen Mai yn cael syniad, "Be am i ni chwara Ring a Ring a Rôsys?" medda hi. "Susnag ydi hwnnw."

Ro'n i wedi synnu achos do'n i rioed wedi meddwl am Ring a Ring a Rôsys fel peth Susnag o'r blaen. Ond mae'n siŵr fod Alwen Mai yn gwybod achos mae ei mam hi'n cadw fisitors ac mae hi wedi arfar siarad Susnag.

Felly, dyma ni'n gneud cylch a dechra troi rownd a chanu ar dop ein lleisia er mwyn boddi sŵn crio Alison Burtram.

"Ring a ring a rôsys
Pocet ffwl o... "

Cyn i ni fynd dim pellach, roedd Alison wedi stopio'i nadu ac wedi dechra canu efo ni ac erbyn yr 'Wi ôl ffôl down', roedd hi wedi dechra chwerthin.

Erbyn hyn, mae Alison yn siarad Cymracg bron mor dda â ni. Mi fydda i neu Alwen Mai yn ei helpu hi weithia os bydd angan ac mi fydd hi yn ein helpu ni efo symia achos mae hi'n dda ofnadwy am wneud rheiny.

Dim ond un peth sy'n difetha'r ysgol. Dinah Smith. Mae'n gas gen i ei hen enw hyll hi. Dwi rioed wedi deud hyn wrth neb o'r blaen, ddim hyd yn oed wrth Alwen Mai, achos mae gen i ormod o ofn Dinah Smith. Dwi ddim yn gwybod pam ei bod hi'n pigo arna i achos dwi ddim 'di gneud dim byd iddi hi rioed.

HAMBYGIO

DWI'N CASAU BLYDI DINAH SMITH!!

Ro'n i'n teimlo'n well ar ôl crafu'r geiria yna ar ddarn o lechan ac yna'i chuddiad hi yn wal cwt mochyn yn ben draw 'rar'.

Mi fydda i'n trawo gobennydd fy ngwely efo fy nyrna mor galad ag y medra i hefyd. Yna mi fydda i'n eu gwasgu nhw gan dagu'r gnawas.

Dwi'n gwybod nad ydw i i fod i gasáu neb achos mi ddudodd Mistar Jones Gweinidog yn Capal ryw dro bod isio i ni garu ein gelynion. Digon hawdd iddo fo ddeud hynny, tydi o ddim wedi cael ei hambygio gan Dinah Smith. Mae'n rhaid i mi ei chasáu hi ac mae'n rhaid i mi smalio'i dyrnu a'i thagu hi yn fy ngwely bob nos.

Dyna'r unig ffordd galla i ddelio â'r peth.

Chydig ddyddia ar ôl i mi ddechra 'Rysgol y gwelais i Dinah Smith am y tro cynta. Ro'n i'n chwara tic efo Alwen Mai a rhai o'r genod bach erill ar yr iard amsar chwara pan redais i'n syth i mewn iddi hi.

"Gwatsia lle ti'n mynd, y bitsh bach!" medda hi'n flin.

"Sorri," medda fi.

"Sorri, wir! Ma genod bach i fod i aros ochor arall i'r iard. 'Sgen ti ddim hawl dŵad ar draws yr iard fath â na chdi bia'r blydi lle 'ma."

Erbyn hyn roedd 'na gylch o genod mawr wedi dŵad i wrando ar be oedd yn mynd 'mlaen ac ro'n i'n teimlo'n fach iawn yn eu canol nhw.

Llyncais fy mhwyri a gwasgu fy llygad yn dynn er mwyn stopio fy hun rhag crio.

"Sorri," medda fi eto, "do'n i ddim yn gwbod."

"Wel, ti'n gwbod rŵan. Ac ynda, gei di hon i gofio," medda hi gan drio rhoi cic i mi ar fy nghoes.

Ond cyn iddi hi allu 'mrifo fi, dyma Eleri Haf, hogan Mistar Jones Gweinidog, yn camu rhyngddan ni a deud, "Gad lonydd iddi, Dinah. Hogan bach ydi hi."

Ac wedyn dyma Eleri Haf yn troi ataf fi gan wenu'n ffeind a deud, "Dos di'n ôl at dy ffrindia."

Cyn i mi redag o 'na, mi welais i'r olwg oedd ar wynab Dinah Smith. Roedd hi'n edrach fel taran! A dyma fi'n meddwl y basa'n well i mi gadw'n ddigon pell oddi wrthi hi o hynny 'mlaen.

Ond mewn tua wythnos wedyn, pan o'n i'n dŵad allan o'r peti sy yn pen draw'r iard, mi ddois i ar draws Dinah Smith eto.

"Hei, chdi!" medda hi. "Be 'di dy enw di?"

"Beti."

"Beti yn y peti!" medda hi dan chwerthin. "Efo enw fel 'na, dyna dy le di!"

A dyma hi'n fy ngwthio i'n ôl i mewn i'r peti a fy sodro i ar y pan. Wedyn, dyma hi'n plygu lawr fel bod ei gwynab hi'n agos, agos, at fy un fi a dyma hi'n rhoi ei hen law fudur dros fy ngheg i.

"Tydi dy ffrind la-di-da Capal di, 'Leri Haf, ddim yma i dy achub di tro 'ma'r bitsh bach," medda hi. "Dim ond chdi a fi! Does 'na neb yn cael gneud ffŵl ohona i o flaen pawb! Ti'n dallt?"

Roedd 'na ddagra yn rowlio i lawr fy mocha fi ond fedrwn i ddim gneud dim sŵn achos roedd ei llaw hi'n dal dros fy ngheg i.

"Paid ti â meiddio deud dim wrth neb am hyn," medda hi wedyn, "neu mi fyddi di'n difaru. Ti'n dallt?"

Triais nodio ond erbyn hyn roedd y lle'n dechra troi'n ddu ac roedd 'na sŵn fath â dŵr yn 'y nghlustia.

Dwi ddim yn cofio be ddigwyddodd wedyn ond mae'n rhaid fod Dinah Smith wedi mynd o 'na achos y peth nesa dwi'n gofio ydi Alwen Mai yn gweiddi arna i.

"Be ti 'di bod yn neud yn y peti 'ma mor hir? Ro'n i'n dechra meddwl dy fod ti wedi mynd lawr pan ne rwb... Hei, ti'n iawn? Ma 'na olwg sâl ofnadwy arnat ti. Ti isio i mi fynd i nôl Miss Jenkins?"

"Na, paid! Dwi'n iawn!"

"Wel, dwyt ti ddim yn edrach yn iawn i mi. Dwi'n meddwl y basa'n well i mi fynd i nôl rhywun."

"Na. Dwi'n teimlo'n well rŵan. Tyd. Mi fydda i'n iawn ar ôl mynd o'r lle drewllyd 'ma."

Dwi ddim yn dallt pam na ddudais i ddim beth oedd wedi digwydd wrth Alwen Mai yr adag honno. Dwi'n meddwl fod gen i ormod o g'wilydd ac yn poeni y basa hi'n meddwl 'mod i'n hen fabi yn gadael i Dinah Smith fy nhrin i fel 'na.

Mi driais neud yn siŵr 'mod i'n cadw'n ddigon pell oddi wrth Dinah Smith ar ôl hynny.

Aeth 'na dipyn o amsar heibio ac ro'n i'n dechra meddwl ei bod hi wedi anghofio amdana i ac y baswn i'n cael llonydd o hynny ymlaen. Ond amsar mynd adra un diwrnod, ro'n i yn y clôcrwm yn gwisgo 'nghôt amdanaf pan sylwais nad oedd fy mag ysgol i ddim ar y peg. Mi 'nes i chwilio amdano fo ym mhob twll a chornel yn y clôcrwm ond doedd dim golwg ohono fo.

Roedd y plant erill i gyd wedi mynd allan erbyn hyn, pan glywais i lais tu ôl i mi.

"Ti 'di colli rhwbath?"

Dinah Smith oedd 'na, efo gwên fawr ar ei hen wynab hyll.

Teimlais fy nghalon yn sincio. Ro'n i'n meddwl y byd o'r bag roedd Dad a Ger wedi'i roi i mi cyn i mi ddechra yn yr ysgol.

"Lle mae o?"

"Lle mae be, d'wad?"

"Fy mag ysgol i."

"Ti'n trio deud 'mod i 'di dwyn dy hen fag di?"

"Nac 'dw, ond… "

"Ond be?"

"Dim."

"Yli di, does 'na neb yn cael deud 'mod i wedi dwyn dim byd, ti'n dallt? Mae'n bryd i mi ddysgu gwers arall i ti dwi'n meddwl," medda hi gan fy nhynnu i i gefn y clôcrwm lle mae'r storfa cadw petha 'marfar corff.

Dyma hi'n fy ngwthio fi i mewn i'r storfa a finna'n syrthio fel cadach ar ben y pentwr o fagia ffa a rhaffa sgipio oedd ar lawr.

"Duda sorri," medda hi mewn llais isel, cas.

Ond fedrwn i ddim deud dim.

"Duda fo!"

"S... s... s... sorri," medda fi yn y diwadd.

"Dydi hynna ddim digon da. Duda ar fy ôl i: 'Sorri, Dinah, am feddwl dy fod ti wedi dwyn fy mag sdiwpid i'."

"Sorri, Dinah, am feddwl dy fod ti wedi dwyn fy mag i."

"Bag *sdiwpid* i, ddudis i!"

Ond er gymaint o ofn oedd arna i, fedrwn i ddim deud bag *sdiwpid*. Mi fasa hynny fath â deud bod Dad a Ger yn sdiwpid. A faswn i byth yn deud hynny. Felly, dyma hi'n rhoi coblyn o gic i mi cyn rhedag allan o'r storfa dan chwerthin.

Mi 'rhosais i yn y storfa am dipyn i neud yn siŵr ei bod hi wedi mynd. Yna, dyma fi'n mynd allan.

Roedd fy mag i'n hongian ar y peg a staen inc du mawr drosto fo i gyd.

"Lle goblyn ti 'di bod?" medda Mam, oedd yn sefyll wrth giât 'Rysgol. "Mae'r plant erill 'di mynd ers meitin. Ti 'di bod yn hogan ddrwg i Miss Jenkins neu rwbath ac wedi gorfod aros ar ôl?"

"Ro'n i'n methu cael hyd i fy mag a dyma Din. . ."

"Tyd 'laen, wir. Mae gen i gacan yn popty ac mi fydd hi'n golsyn os na frysiwn ni!" medda Mam gan gychwyn am adra.

Ches i ddim cyfla i ddeud wrthi be oedd wedi digwydd.

Y noson honno mi driais i sgwrio'r staen inc oddi ar fy mag ond ddaeth o ddim i ffwrdd. Mae o yno o hyd i fy atgoffa i bob dydd am Dinah Smith.

Dinah Smith! Mae'n gas gen i hi!

Weithia, mi fydda i'n cael llonydd am wythnosa. Yna, pan fydda i'n dechra meddwl ei bod hi wedi anghofio amdana i, mi fydd hi'n galw enwa arna i. Weithia, mi fydd hi'n trio 'maglu i neu dwyn fy nghap a'i luchio dros wal i rywle. Ac un tro, mi nath hi agor fy mhlethan i a dechra cribo 'ngwallt i efo darn o lechan.

Pam mae hi mor gas efo fi? Be dwi 'di neud iddi hi? Pam na neith Iesu Grist rwbath i'w stopio hi? Dwi'n gofyn iddo fo neud rhwbath iddi hi bob nos, ond dydi o byth yn gwrando!

Felly mae'n rhaid i mi ddobio a thagu'r gobennydd a sgwennu ar lechi:

DWI'N CASAU BLYDI DINAH SMITH!!

5

FFRINDIA GORA

"Mae'n dda i ti gael hogan bach neis fath ag Alwen Mai yn ffrind," medda Mam, "yn lle dy fod ti'n rêl ryffian yn chwara cowbois efo hogia'r stryd 'ma o hyd."

Ond tydi bod yn ffrindia gora efo Alwen Mai ddim yn hawdd bob amsar. Weithia mae hi'n fy ngadael i am ei bod hi isio Alison Burtram i gyd iddi hi ei hun. Ac mi fydda inna'n gneud esgus weithia i beidio mynd i chwara efo hi am bod well gen i chwara yn Stryd Ni efo'r hogia.

Mae hi'n ca'l syniada gwirion weithia, fath â pan ofynnodd hi, "Wyt ti a David Wyn yn ddau gariad?"

"Ych a fi, nac 'dan siŵr!"

"Ond ti'n gneud lot fawr efo fo."

"Jyst ffrindia ydan ni. Ma pawb sy'n byw yn Stryd Ni'n ffrindia."

"Wel, faswn i ddim isio chwara efo rhyw hogia, wir," medda hi gan grychu'i thrwyn.

Tydi hi ddim yn fy nallt i bob amsar ac weithia mi

fyddan ni'n ffraeo ac yn digio'n bwt efo'n gilydd.

Ond dŵad yn ôl yn ffrindia gora fyddwn ni bob tro.

Dwi'n gallu deud petha wrth Alwen Mai na fedrwn i byth ddeud wrth yr hogia. Mae hi wedi deud cyfrinacha wrtha i hefyd ac rydw i wedi gaddo na wna i ddim deud wrth neb.

Ond fedra i ddim deud wrthi am Dinah Smith.

Yn Tai Lan Môr mae Alwen Mai yn byw, efo'i mam. Captan llong ydi ei thad hi ac mi fydd o i ffwrdd o adra y rhan fwya o'r amsar. Mae Alwen Mai yn ddigon hapus efo hyn, medda hi, gan y bydd hi'n cael presanta neis bob tro bydd o'n dŵad adra.

Dwn i ddim be faswn i'n neud tasa Dad ddim yn dŵad adra o Gwaith Mawr bob nos.

Yn 'rha mi fydd hi a'i mam yn byw mewn cwt yn ben draw 'rar' a fisitors yn aros yn y tŷ. Mae'r cwt yn union 'run fath â tŷ bach twt. Mae 'na lofft wedi'i rhannu o'r lle byw efo cyrtans, sinc efo tap, a gola letrig. Mewn un gornel, ma 'na stof baraffîn lle bydd Mam Alwen Mai'n gneud bwyd.

Yn y gaea, ar ôl i fisitors fynd, mi fydd Alwen Mai'n cael defnyddio'r cwt i chwara tŷ bach. Ew, weithia dwi'n meddwl bod Alwen Mai'n lwcus.

"Mam? Pam na chân ni ddim cadw fisitors a byw mewn cwt yn 'rar'?"

"Paid â gofyn petha gwirion. Fasa fisitors ddim yn talu i aros yn fama, siŵr."

"Ond mae Mam Alwen Mai... "

"Yn tai crand Lan Môr ma nhw'n byw, ddim mewn

rhyw stryd o dai chwaral fath â fama."

Mae Mam yn iawn: *mae* Tai Lan Môr yn grand. Mae tŷ Alwen Mai yn grand iawn, beth bynnag.

Dwi'n cofio'r tro cynta i mi fynd yno.

Diwrnod braf a phoeth oedd hi a bron pawb o'r mama a phlant y 'Rhendra wedi mynd i Lan Môr i gael picnic. A'r mama'n ista'n gylch yn sgwrsio tra oeddan ni'r plant yn trochi neu'n chwara ar y tywod.

Roedd Alwen Mai yn brysur yn deud wrtha i sut i adeiladu castall tywod – fel na faswn i rioed 'di gneud un cyn hynny. Mae hi'n gallu bod yn bosi weithia pan 'dan ni'n chwara ar lan môr, fath â 'na hi bia'r lle!

"T'wod g'lyb 'di'r gora i roi yn bwcad, 'sti," medda hi. "Yli, mae 'na ddigon o hwnnw'n dŵad allan o'r twll 'na mae Terence Babi Mam ac Alwyn Roberts yn neud yn fancw. Dos i ofyn gawn ni beth ganddyn nhw."

"Dos di," medda fi.

"Na, ti'n nabod nhw'n well na fi," medda hi wedyn.

Ro'n i'n gwybod na fasa hi byth yn mynd achos ma hi'n swil hefo hogia. Felly mi es i a gofyn am dipyn o dywod g'lyb a holi pam roeddan nhw'n gneud twll mor ddyfn.

"'Dan ni am dyllu nes byddwn ni wedi cyrradd Awstralia, tydan Terence?" medda Alwyn Roberts. Nath Terence ddim byd ond nodio. Roedd ei wynab o'n goch fel tomato ac roedd o allan o wynt.

Mi faswn i 'di licio aros i helpu'r hogia i dyllu achos mi fasa hi'n hwyl cyrradd Awstralia ond roedd Alwen Mai'n gweiddi arna i i frysio 'nôl efo'r bwcediad o dywod.

Wrth i mi adael, mi glywis i Fam Terence yn gweiddi arno fo, "Paid â lladd dy hun yn y gwres 'ma, Terence, 'y ngwas i. Tyd i ti ga'l brechdan a diod bach o Gorona cyn i ni fynd adra."

"Ond, Mam, ma Alwyn a fi isio cyrradd Aw… "

"Yli, mi stopiwn ni yn Siop Miss Prydderch ar y ffor' i ti gael sgram bach neis i de."

Does 'na ddim byd yn plesio Terence yn fwy na rhwbath i'w fyta, felly mi anghofiodd bob dim am gyrradd Awstralia. Ac i ffwrdd â fo efo'i fam gan adael Alwyn Roberts i dyllu ar ei ben ei hun.

Cyn hir, mi aeth yr awyr yn dywyll i gyd, a dyma felltan yn fflachio ac yn syth wedyn dyma 'na sŵn taran oedd yn uwch hyd yn oed na sŵn saethu yn Gwaith Mawr. A dyma hi'n dechra pistyllio glaw.

Dyma'r mama'n rhuthro i hel y bagia bwyd, y tyweli a'r dillad gan weiddi arnan ninna i frysio.

"Geith Beti ddŵad i tŷ ni i chwara tan fydd hi wedi stopio bwrw?" holodd Alwen Mai i Mam.

"Wyt ti'n siŵr y bydd hynny'n iawn efo dy fam?"

"Bydd, siŵr."

"Wel, byhafia, a phaid â gneud traffath," medda Mam wrtha inna. "Cofia ddŵad adra pan glywi di gorn Gwaith."

Ro'n i wedi bod yn y cwt yn 'rar' gefn Alwen Mai lawar gwaith ond do'n i rioed wedi bod yn y tŷ o'r blaen.

"Does 'na ddim fisitors wsnos yma achos bod Dad yn dŵad adra. Felly gawn ni fynd i tŷ," medda Alwen Mai ar ôl cyrradd drws cefn. A dyma hi'n tynnu'i sandals a'u cnocio nhw'n erbyn wal.

"Be ti'n neud?"

"'Di Mam ddim yn licio i mi gario t'wod i tŷ a hitha wedi hwfro carpedi."

Do'n i ddim yn gwybod be oedd yr hwfro 'ma roedd Mam Alwen Mai yn ei neud i'r carpedi. Rhwbath debyg i pan fydd Mam yn curo matia ar lein pan fydd hi'n sbring clînio mae'n siŵr, meddyliais wrth dynnu fy sgidia a'u curo nhw'n erbyn wal.

'Rochor arall i'r drws cefn roedd 'na gegin fawr efo llwyth o gypyrdda glas a gwyn yn rhes ar ddwy wal. Wrth ochor y sinc, roedd peiriant golchi dillad a mangl bach ar ei ben o.

"Waw! Dwi'n licio dy gegin di," medda fi. "Ma hi fath â rhai sy yn *Woman's Own* fydd Mam yn 'i ddarllan weithia."

"Fasat ti'n licio lemonêd? Ma 'na beth yn y ffrij."

"Oes gennoch chi ffrij hefyd?"

"Oes. Mam brynodd hi efo pres fisitors flwyddyn dwytha," medda Alwen Mai gan dwallt gwydrad o lemonêd oer, oer i mi.

Biti na fasa gan Mam gegin fath ag un Mam Alwen Mai, medda fi wrtha i'n hun a chan lowcio'r diod oer, neis.

"Tyd. Awn ni i llofft i chwara," medda hi ar ôl iddi hitha orffan ei diod.

Felly, dyma fi'n mynd ar ei hôl hi i fyny'r grisia ac i'w llofft hi.

"Lle ma dy fam?"

"O, ma hi 'di mynd i Dre i brynu petha sbesial cyn

i Dad ddŵad adra. Do'n i ddim isio mynd efo hi achos
'mod i 'di gweld pawb yn mynd i lan y môr. Ddudis i y
baswn i'n aros efo chdi a dy fam."

Mae gan Alwen lofft braf efo ffenast fawr, lydan yn
gwynebu'r môr. Ar silffoedd uwchben ei gwely mae
ganddi hi lwyth o ddolia bob lliw a llun a rheiny i gyd
yn gwisgo ffrogia crand.

"Chdi bia'r dolia 'ma i gyd?"

"Ia. Mi fydd Dad yn dŵad â nhw i mi o'r gwahanol
wledydd fydd o wedi bod iddyn nhw ar ei long. Ond
tydi Mam ddim yn gadal i mi chwara efo nhw rhag
ofn iddyn nhw dorri. Tyd. Awn ni i lofft Mam i chwara
leidis."

Do'n i ddim yn gwybod be oedd chwara leidis ond
ddudais i ddim byd, dim ond mynd ar ei hôl hi.

Mi agorodd Alwen Mai ddrysa wardrob anfarth
a dechra tynnu ffrogia'i mam allan a'u lluchio nhw'n
un bwndal mawr blêr ar y gwely. Roedd 'na ddigon o
ffrogia i agor siop yna a rhai ohonyn nhw'n rhai crand
iawn, iawn.

"Dad sy'n dŵad â rhein i Mam o'r gwledydd pell.
Dwn i ddim yn byd i be achos tydi hi byth yn mynd i
nunlla i'w gwisgo nhw. Dim ond yn tŷ ar y noson bydd
Dad yn dŵad adra."

Gafaelodd Alwen Mai mewn ffrog binc grand efo
llwyth o net oedd yn ei dal hi'n stiff. "Hon dwi am
wisgo, dwi'n meddwl," medda hi gan gamu i mewn i'r
ffrog. "Gei di ddewis unrhyw un ti isio."

"Ti'n siŵr? Be fasa dy fam yn ddeud?"

"Tyd 'laen, tria hon," medda hi, gan ddal ffrog grand
o liw aur i mi.

Do'n i rioed wedi gweld ffrogia tebyg i rhain o'r blaen heblaw am rai Dorothy, gwraig Al Roberts, pan fyddan nhw'n dŵad i neud sioe majic i 'Rhendra bob blwyddyn. "Tydi hi'n ddel, 'dwch?" fydd Al yn ddeud. Wedyn mi fydd yr hogia i gyd yn chwibanu *"whid-whiw"* ar Dorothy a hitha'n gwenu'n glên ar bawb.

Ar ôl i mi wisgo'r ffrog, dyma Alwen Mai yn estyn bocsys sgidia o waelod y wardrob.

"Mae 'na bâr o *high heels* a bag i fynd efo pob ffrog. Dyma chdi!"

A dyma hi'n rhoi pâr o sgidia a bag aur i mi.

"Gwna dy sana'n belan a stwffia nhw i flaen y sgidia, iddyn nhw ffitio'n well."

Do'n i rioed wedi trio sgidia uchal o'r blaen ac ar y dechra ro'n i'n methu sefyll yn iawn ynddyn nhw, heb sôn am gerddad. Ond roedd Alwen Mai wedi hen arfar.

"Reit 'ta, tyd i ista'n fama i mi gael rhoi lipstic a ballu i ti," medda hi gan neud lle i mi ista wrth ei hochor hi o flaen *dressing table* ei mam. "Cau dy llgada tan fydda i 'di gorffan."

Mi 'steddais i'n llonydd am hydoedd tra oedd Alwen Mai'n paentio 'mocha i, ceg a llgada efo colur ei mam.

"Reit 'ta, dwi bron â gorffan. Dim ond chydig o sent *Evening in Paris* tu ôl i'n clustia ac mi fyddwn ni'n barod," medda hi, gan dywallt hannar y botal drosta i a'r hannar arall drosti hi ei hun. "Gei di agor dy llgada rŵan!"

Pan welais i fy ngwynab yn y drych, do'n i ddim yn nabod fy hun. Ro'n i'n edrach yn debyg i rwbath rhwng Miss Prydderch Siop a Mam Rodney Bach!

Erbyn hyn, roedd hi wedi stopio bwrw ac roedd yr haul allan unwaith eto.

"Tyd, awn ni am dro," medda Alwen Mai'n sydyn.

"Be? Wedi gwisgo fel hyn? Be ddudith pobol pan welan nhw ni?"

"Paid â bod yn fabi. Chwara leidis ydan ni, 'te? Gawn ni hwyl."

"Ond be fasa dy fam… ?"

"O, wel, os wyt ti'n ormod o fabi, mi a' i ar ben 'yn hun, 'ta," medda hi gan gychwyn am y drws.

Ond do'n i ddim isio aros yn llofft Mam Alwen Mai ar ben 'yn hun efo'r holl lanast, felly dyma fi'n cychwyn ar ei hôl hi.

Fedrwn i ddim cerddad i fyny Allt Môr yn y sgidia *high heels*, felly doedd dim amdani ond eu tynnu nhw i ffwrdd a cherddad yn droednoeth. Wrth i ni ddringo i fyny, ro'n i'n falch iawn 'mod i wedi tynnu'r sgidia achos, erbyn hyn, roedd Alwen Mai yn cael dipyn go lew o draffath yn ei sodla uchal hefyd.

"Dwi'n gallu symud i fyny'r allt yn well wrth fagio," medda hi.

Ond cyn iddi gymryd dau gam yn ôl, mi faglodd ar hem ffrog binc ei mam a dyma ni'n clwad sŵn defnydd yn rhwygo. Mi dynnodd hitha'i sgidia ar ôl hynny hefyd.

Roedd hi chydig yn haws symud ar ôl cyrraedd top yr allt er ein bod ni'n baglu ar y ffrogia hir. Felly, mi aethon ni yn ein blaena efo'n sodla uchal yn gneud gymaint o sŵn â sgidia hoelion mawr y dynion pan fyddan nhw'n dŵad o Gwaith.

Ond erbyn cyrraedd Stryd Ni, roedd ein traed ni'n brifo'n ofnadwy ac roeddan ni'n chwys doman.

"Tyd i gael diod o ddŵr yn tŷ ni," medda fi.

"Na, mae gen i syniad gwell. Gawn ni eis crîm o Siop Miss P."

"Ond 'sgennon ni ddim pres."

"Dyna ti'n feddwl," medda hi, gan agor ei bag a thynnu papur chweigian allan ohono fo.

"Waw! Lle gest ti hwnna?"

"Pres pocad. Tyd!"

"*What can I do for you, ladies?*" medda Miss Prydderch.

"Yli, mae hi'n meddwl ma fisitors ydan ni," medda Alwen Mai yn fy nghlust i.

Dydi hi ddim yn nabod Miss Prydderch yn dda iawn a doedd hi ddim yn gwybod ei bod hi'n siarad Susnag o hyd.

Ar ôl dewis dau gornet, mi aethon ni i ista ar wal i'w byta nhw. Ond gan ei bod hi'n boeth iawn, dyma'r eis crîm yn dechra toddi a rhedag lawr blaen y ffrogia nes roeddan nhw'n un stremps i gyd.

"Be uffar ti'n feddwl ti'n neud, Beti Bwt? Ti'n edrach fath â clown!" David Wyn oedd 'na.

"Chwara leidis ydan ni, 'te?" medda fi gan droi fy llgada i dop fy mhen. Do'n i ddim am adael iddo fo wybod 'mod i bron â marw o g'wilydd.

Chwerthin nath David Wyn a deud, "Leidis, wir! Dach chi'n edrach mwy fath â dwy slwtan!"

"Paid â deud geiria budur neu mi fydda i'n deud amdanat ti yn 'Rysgol Sul," medda fi.

"Tyd o'ma, wir!" medda Alwen Mai yn ofnus i gyd gan dynnu ar fy llawas.

Felly, dyma'r ddwy ohonon ni'n troi ar ein sodla a mynd yn ein hola am Dai Lan Môr.

Roedd yr *high heels* yn gôl tar i gyd am fod hwnnw wedi toddi'n bylla fel taffi triog ar y lôn ac roedd o wedi mynd ar hyd gwaelod y ffrogia hefyd gan fod rheiny'n llusgo ar lawr.

"Be ddudith dy fam pan welith hi'r llanast sy ar y dillad 'ma?"

"Os 'na i stwffio nhw i ben draw'r wardrob, neith hi byth ffendio 'yn bod ni wedi'u maeddu nhw," medda hi.

Dwn i ddim os nath ei mam hi weld be roeddan ni wedi'i neud i'w dillad crand hi.

Yr unig beth wn i ydi na nath Alwen Mai rioed sôn am chwara leidis ar ôl y diwrnod hwnnw. Diolch byth!

Dwi wedi arfar chwara'n ryff efo hogia Stryd Ni rioed. Ond mae Alwen Mai yn fwy o hogan na fi, dwi'n meddwl, ac ma hi'n well na fi am chwara petha genod.

Ond er bod Alwen Mai a fi'n wahanol i'n gilydd, rydan ni'n dal i ddeud wrth bawb ein bod ni'n ffrindia gora.

6

FFWTBOL

"Mae Cymru 'di gneud yn dda i gyrradd y cwartar ffeinals," medda Ger ar ôl swpar un noson.

"Do wir," medda Dad. "Ond mae hi'n o ddrwg arnyn nhw rŵan gan fod John Charles wedi brifo. Mae Brazil yn goblyn o dîm da – yn enwedig efo'r Pele bach 'na'n chwa... "

"Dad, ga i stori cyn mynd i gysgu heno?" medda fi ar eu traws nhw.

"Na, ddim heno."

"Ond pam? Dydw i ddim wedi cael stori ers oes pys!"

"Ma Cymru'n chwara. Gêm bwysig yn Sweden heno 'ma a dwi a Ger isio gwrando ar y weirles."

"Ydi'n well gen chi 'rhen ffwtbol 'na na fi?"

"Beti! Paid â swnian ar dy dad," medda Mam yn flin. "Dos i fyny'r grisia rŵan. Mi ddo i i fyny nes 'mlaen i dy swatio di."

Ro'n i'n gwybod nad o'n i haws â swnian rhagor, felly mi es i 'ngwely i bwdu.

Dwi ddim yn gwybod be sy wedi dŵad dros ben dynion a hogia'r lle 'ma yn yr wythnosa dwytha. Does 'na ddim i'w gael o fora gwyn tan nos ond rhyw ffwtbol o hyd. Mae Dad a Ger fath â petha gwirion yn ista efo'u clustia'n sownd yn y weirles tra mae 'na ryw ddynion ar hwnnw'n trafod ffwtbol yn rhwla efo enw fath â swejan. Mae David Wyn ac Alwyn Roberts 'run fath. Tydyn nhw'n gneud dim byd ond cicio pêl ar ganol lôn trwy'r dydd.

"Ga i gêm?"

"Fedrith genod ddim chwara ffwtbol, siŵr," medda Alwyn Roberts. "Dim ond hogia sy efo'r sgilia, yntê David Wyn?"

"Be am chwara cowbois, 'ta? 'Na i fod yn Indian os liciwch chi."

"Na, dwi isio 'marfar ffwtbol, achos ella bydda i'n chwara i Gymru fath â John Charles ryw ddwrnod," medda David Wyn. Yna, dyma fo'n ca'l syniad, " Mi drian ni chdi yn gôl, 'ta."

Ond wnaeth hynny ddim gweithio achos ro'n i'n anobeithiol. Bob tro roeddan nhw'n cicio'r bêl ata i, ro'n i'n cau fy llgada'n dynn.

"Ti'n dda i ddim, Beti Bwt. Mae Terence Babi Mam yn well gôli na chdi."

Ro'n i wedi cael llond bol ar yr holl beth. Ond mi aeth petha'n waeth.

Mi gafodd rhywun y syniad gwirion o gael gêm rhwng tîm o 'Rhendra a thîm o Llanhuar, y pentra 'gosa atan ni. Roedd yr hogia i gyd yn treulio'u holl amsar yn 'marfar eu sgilia neu rwbath yn Cae Bach ar ôl hynny. Doedd dim croeso i mi'n agos i'r lle.

Ar ôl wythnosa o 'marfar, a phawb yn trio'n galad i gael lle yn y tîm, mi ddaeth diwrnod y gêm o'r diwedd.

"Dad, ga i ddŵad efo chi i Llanhuar?"

"Na, well i ti aros adra. Fydd o ddim yn lle i hogan bach."

"Ond mi faswn i'n licio gweld y gêm."

"Dwi wedi deud. Na!"

Roedd yr hen ffwtbol 'ma wedi newid Dad. Ro'n i'n arfar gallu ei droi o rownd 'y mys bach ond rŵan doedd ganddo fo ddim amsar o gwbwl i mi. A toedd Ger na hogia Stryd Ni ddim gwell.

A'r pnawn dydd Sadwrn hwnnw, i ffwrdd â nhw i gyd i Llanhuar gan 'y ngadael i heb ddim byd i'w wneud.

Doedd 'na ddim pwynt mynd i chwilio am Alwen Mai achos roedd hi wedi mynd i ffwrdd ar ei gwylia i Landudno. Felly, doedd 'na ddim amdani ond chwara yn 'rar' gefn ar ben fy hun bach. Ond doedd gen i fawr o fynadd.

Yna, dyma Rodney Bach Tŷ Pen yn dŵad ar hyd llwybyr cefn ar ei feic tair olwyn.

"Ti ithio *go* af beic Fodni?" medda fo.

"Nac 'dw. Dos o 'ma."

Cychwynnodd Rodney 'nôl adra'n ddigalon.

Yna, dyma fi'n cael syniad.

"Rodney! Aros funud. 'Sat ti'n licio mynd i weld y gêm ffwtbol yn Llanhuar efo fi?"

"Ma Llanhuar yn bell, bell."

"Yli," medda fi, "tydi Llanhuar ddim yn bell iawn. Dydi hi ddim yn cymryd llawar i fynd yno yn Moto

Coch. Os gychwynnwn ni rŵan mi fyddwn ni yno cyn i'r gêm orffan."

"Ydan ni'n mynd af Moto Coch?" medda fo a'i llgada'n agor fel soseri.

"Na, 'sgen i ddim pres i dalu'r ffêr."

"Fodni dŵad af beic 'ta?" medda fo.

"Na chei, siŵr. Mae'n well i ni gerddad achos 'dan ni am fynd ar draws caea yn lle rowndio ar hyd lôn bost."

"Fodni gofyn i Mam oth... "

"'Sy'm isio i ti neud hynny, siŵr. Mi fydd dy fam yn gwybod dy fod ti'n iawn efo hogan fawr fath â fi. Tyd yn d'laen, wir, neu mi fydd y gêm drosodd," medda fi gan ei lusgo fo ar hyd llwybyr cefn ac i lawr talcan tŷ ni cyn iddo fo gael amsar i newid ei feddwl.

Ar ôl mynd trwy 'Rhendra a heibio'r eglwys a'r fynwant, dyma ni'n dringo dros y clawdd i'r cae nesa lle roedd 'na doman o warthaig.

"Fodney ofn mw-mws," medda fo.

"Mw-mws, wir! Paid â siarad fath â babi. Ti bron yn bedair oed ac mi fyddi di'n dechra'n 'Rysgol ar ôl 'rha. A neith gwarthaig ddim byd i chdi beth bynnag."

Ond, a deud y gwir, ro'n i'n reit falch pan naethon ni gyrraedd yr ochor arall i'r cae hefyd, achos do'n inna chwaith ddim yn licio'r ffordd roedd rhai o'r gwarthaig yn codi'u penna i sbio ac i chwythu arnan ni.

Mi fuon ni'n cerddad am oesoedd ar draws caea. Ond doeddan ni ddim nes i Llanhuar. Ro'n i'n dechra difaru 'mod i wedi cychwyn o gwbwl. Be ddaeth dros 'y mhen i'n llusgo Rodney Bach o bawb efo fi? Mi fasa'n well i mi fod wedi cerddad i Llanhuar ar ben 'yn hun.

Ond y gwir oedd y basa gen i orinod o ofn gneud hynny. Roedd cwmni Rodney Bach hyd'nod yn well na bod ar ben 'yn hun ar ganol yr holl gaea diarth 'ma.

"Ydan ni jyst â cyfadd?" gofynnodd am y canfad tro.

"Paid â swnian."

Ro'n i wedi cael llond bol ar Rodney a'i siarad babi erbyn hyn. Yn ddistaw bach, ro'n i'n dechra poeni ein bod ni ar goll a doedd gen i ddim syniad lle roeddan ni. Ond do'n i ddim am ddeud hynny wrth Rodney Bach neu mi fasa fo'n swnian fwy byth.

"Tfaed Fodni'n bfifo! Ithio mynd adfa!"

"Dwi 'di deud wrthat ti am beidio swnian!"

"Ithio Mam!"

A dyma fo'n ista lawr ar ganol y cae a dechra sgrechian dros y lle. "Ithio Mam!"

Ro'n i'n mynd i ddechra gweiddi arno fo i beidio bod yn gymaint o fabi pan ddechreuodd y sŵn rhyfadd 'ma ddŵad o'i wddw fo fath â'i fod o'n methu cael ei wynt.

Dyna pryd nes i gofio be ddudodd Mam amdano fo rywdro. "Cofia ma hogyn bach gwantan iawn ydi Rodney Bach Tŷ Pen," medda hi. "Paid ti byth â'i flino fo wrth chwara'n ryff."

Erbyn hyn, roedd Rodney'n cwffio i gael ei wynt.

Be o'n i am neud?

Dyma fi'n edrach o 'nghwmpas ond doedd 'na neb i'w weld yn nunlla.

"Yli, dwi jyst yn mynd at y giât acw i edrach os fedra i weld rhywun. Fydda i ddim yn hir."

Fedra Rodney ddim atab ond roedd ei llgada fo'n llawn ofn ac ro'n i'n teimlo'n ofnadwy yn ei adal o ar ben ei hun ar ganol y cae. Ond roedd yn rhaid i mi drio cael help.

Dyma fi'n rhedag i ben draw'r cae a dringo i ben y giât fel 'mod i'n gallu gweld yn bellach. Ond doedd 'na ddim byd ond caea diarth o 'mlaen i.

Ro'n i'n poeni go iawn erbyn hyn.

Be os basa Rodney Bach yn marw ar ganol cae? Arna i 'sa'r bai. Fi fasa wedi'i ladd o. Faswn i'n gorfod mynd i jêl? Faswn i'n cael 'y nghrogi? Faswn i'n mynd at y Diafol?

"Plîs, plîs, Iesu Grist, nei di fy helpu fi? Plîs, plîs, os dwi'n rhy ddrwg i ti fy helpu fi, nei di helpu Rodney Bach 'ta?"

Do'n i rioed wedi gweddïo mor galad o'r blaen, ddim hyd'nod pan o'n i'n gofyn iddo fo fy helpu fi i neud rhwbath i Dinah Smith.

Ar ôl i mi ddringo lawr oddi ar y giât, dyma fi'n penderfynu y bysa'n well i mi redag i ffwrdd.

Ond lle o'n i am fynd?

Fasa plismyn a phawb ar fy ôl i?

Be o'n i am neud?

Doedd 'na ddim amdani ond mynd yn ôl at Rodney a gobeithio y baswn i'n cael marw efo fo.

Wedyn, mi fasa hi'n rhy hwyr i Mam ddeud y drefn wrtha i. Mi fasa Dad a Ger yn difaru na fasan nhw wedi mynd â fi efo nhw i weld y gêm ffwtbol yn Llanhuar.

Mi fasa David Wyn a'r hen sinach bach Alwyn Roberts 'na'n teimlo'n annifyr hefyd am eu bod nhw heb gymryd sylw ohona i. A gwell byth, ella y basa Dinah Smith yn difaru ei bod hi wedi hambygio gymaint arna i.

Ro'n i'n dechra licio'r syniad.

Felly dyma fi'n gorwadd wrth ochor Rodney Bach, cau fy llgada a gafal ynddo fo'n dynn i aros i ni farw efo'n gilydd.

Dwi ddim yn gwybod pa mor hir fuon ni'n gorwadd ar ganol y cae. Ella 'mod i wedi cysgu am dipyn, dwi ddim yn siŵr. Roedd Rodney'n llonydd a doedd 'na ddim sŵn rhyfadd yn dŵad o'i wddw fo.

Dyma fi'n codi'n ara bach achos ro'n i wedi stiffio. Roedd 'y nhraed i wedi mynd i gysgu hefyd ac roeddan nhw'n binna bach i gyd.

Dyna pryd y clywis i'r sŵn injan.

Oedd, roedd y sŵn injan yn dŵad yn nes.

Roedd 'na dractor a threilar yn dŵad i'r golwg yn y cae nesa. Dyma fi'n rhedag nerth 'y nhraed at y giât ac yn dringo drosti gan weiddi a chwifio 'mreichia'n 'rawyr i drio cael sylw'r ffarmwr.

Pan welodd y ffarmwr fi, dyma fo'n stopio'r tractor a chodi'i ddwrn arna i.

"Be ti'n neud yn y cae 'ma? Ti'n gwbod dy fod ti'n tres... ?"

"O! plîs dewch efo fi! Ma Rodney Bach wedi marw'n cae nesa!" medda fi dros sŵn yr injan.

A dyma'r ffarmwr yn diffodd y tractor ac yn dringo lawr ata i.

"Be ddudisd di?"

"M... m... ma Rodney Bach yn sâl ofnadwy yn cae nesa. Plîs dewch!"

A dyma fi'n gafael yn llawas y ffarmwr a dechra'i halio fo at y giât.

Erbyn i ni gyrraedd, roedd Rodney wedi deffro. Roedd o'n fyw! Diolch byth!

Ar ôl i'r ffarmwr holi o lle roeddan ni wedi dŵad ac i le roeddan ni isio mynd, dyma fo'n deud y basa fo'n rhoi pàs i ni'n ôl i 'Rhendra. Wedyn, dyma fo'n cario Rodney'n ôl at y tractor a'n rhoi ni'n dau i ista yn y treilar.

"Mi a'i â chi 'nôl i 'Rhendra rŵan," medda fo, "rhag ofn bod eich mama chi'n poeni amdanach chi."

A dyna lle roeddan ni'n dau'n ista fel brenin a brenhinas yng nghefn y treilar.

Roedd Rodney wedi dŵad ato'i hun yn iawn erbyn hyn ac roedd o'n mwynhau ei hun yn ofnadwy.

Ond wrth i ni ddŵad yn nes at 'Rhendra, dyma fi'n galw ar y ffarmwr i ddeud y basan ni'n iawn i gerddad o fanno. Do'n i ddim am i neb ein gweld ni ar y treilar a dechra holi lle roeddan ni wedi bod. Be tasa Mam yn cael gwybod? Mi fasa 'nghroen i ar parad.

"'Dach chi'n siŵr?" medda'r ffarmwr. "Mi fedra i'ch dreifio chi bob cam os liciwch chi."

"Na. Fyddwn ni'n iawn o fama, diolch," medda fi. "Tyd, Rodney!"

"Fodni fim ithio," medda fo, yn bengalad i gyd.

Felly dyma fi'n ei dynnu fo lawr o gefn y treilar a gneud iddo fo godi llaw ar y ffarmwr wrth i hwnnw droi 'nôl yn giât fynwant.

Ar ôl i'r tractor a'r treilar fynd o'r golwg, dyma fi'n troi at Rodney. "Dim gair am hyn, cofia. Os neith dy fam ofyn be ti 'di bod yn neud heddiw, duda dy fod ti wedi bod yn chwara yn cwt mochyn yn ben draw 'rar' efo fi. Ti'n dallt?"

Ond do'n i ddim yn siŵr iawn oedd o wedi dallt. Roedd o'n gallu bod yn bengalad ac yn hynod ddi-ddallt weithia.

Yr unig ffordd i gau ceg Rodney oedd trwy ei ddychryn o'n iawn. Felly dyma fi'n deud wrtho fo, "Paid ti â deud 'run gair am be fuon ni'n neud heddiw wrth neb. Neu mi fydda i'n nôl gwarthaig Cae'r Delyn lle mae Nain yn byw a gneud iddyn nhw ddŵad ar dy ôl di. Ma nhw'n warthaig mawr, mawr, efo cyrn anfarth ac ma nhw'n byta hogia bach sy'n achwyn."

A dyma fi'n rhoi fy nwylo fath â cyrn ar dop fy mhen a smalio'i dwlcio fo.

Ond doedd dim rhaid i mi boeni. Sylwodd neb ar Rodney a fi'n cyrraedd yn ôl achos mi ddaeth y tîm ffwtbol yn ôl o Lanhuar 'run pryd ac roeddan nhw'n llawn o'u petha nhw'u hunan ac yn llawar rhy bwysig i gymryd sylw ohonan ni.

"Gêm dda, hogia!"

"Roedd y gôl ddwytha 'na'n glincar... "

"Fasa'r Pele bach 'na ddim wedi gallu neud yn well... "

Yna, dyma David Wyn yn sylwi ar Rodney a fi a deud, "Naethon ni guro hogia Llanhuar o dair gôl i ddwy! Mi gawsoch chi goblyn o gollad wrth beidio bod yna!"

A dyma Rodney Bach a finna yn sbio ar ein gilydd ond naethon ni ddim deud 'run gair.

7

DYDD SUL

Diwrnod rhyfadd ydi dydd Sul; dydi o ddim fath â dyddia erill. Mae dydd Sadwrn yn wahanol hefyd achos does 'na ddim ysgol. Mi allwch chi gael hwyl ar ddydd Sadwrn ond dydach chi ddim i fod i gael hwyl na gneud dim byd ond mynd i Capal ar ddydd Sul yn ôl Mrs D. P. Thomas, fy athrawes Ysgol Sul i.

Mi fydda i'n mynd i Capal dair gwaith – Capal Bora, Ysgol Sul yn pnawn a Capal Nos. Ar ôl i chi fynd nôl a 'mlaen fel 'na drwy'r dydd, does 'na fawr o amsar i neud dim byd arall, hyd yn oed os basach chi'n cael.

Efo Dad a Ger fydda i'n mynd i Capal Bora. Mae Mam yn aros adra i neud cinio dydd Sul. Yn Festri Capal fyddan ni yn bora ac mi fydda i'n cael ista ochor dynion rhwng Dad a Ger. Mae dynion a merchaid yn ista ochor wahanol i'w gilydd yn Festri, ond mae pawb yn cael ista efo'i gilydd yn Capal Nos.

Pan fydd y pregethwr yn pregethu am hydoedd mi fydda i'n edrach o 'nghwmpas ar bawb. Mae'r dynion i gyd yn edrych yn wahanol yn eu dillad dydd Sul a heb eu capia chwaral am eu penna. Ond ar hetia'r merchaid bydda i'n licio edrach fwya. Mae rheiny bob lliw a llun.

Dyna i chi Miss Prydderch Siop: mae hi'n gwisgo hetia mawr efo plu ynddyn nhw. Bob tro mae hi'n canu, mae'r plu'n ysgwyd fath â bod 'na dderyn go iawn ar ei phen. Ond er mor grand ydi hetia Miss Prydderch, hetia Mrs Morgan-Williams, gwraig Mr Morgan-Williams y Banc, ydi'r gora. Mae ganddi hi un sy fel powlen ffrwytha fawr a *cherries* coch yn hongian allan ohoni. Mi faswn i wrth fy modd cael bwyta un o'r *cherries* yna.

Pan fydda i wedi laru edrach ar hetia, mi fydda i'n edrach ar y llunia sy ar wal Festri. Ar ddwy wal, mae 'na lunia o hen bregethwrs ac mae bron pob un efo locsyn mawr. Dim ond un dwi'n nabod a hwnnw ydi Mistar Jones Gweinidog, a does ganddo fo ddim locsyn.

Tu ôl i bulpud bach y Festri, mae 'na lun o Iesu Grist efo llwyth o blant bach o bob gwlad yn y byd. Hwnnw ydi'r llun gora gen i. Mi gafon nhw ddrama Dolig efo plant Ysgol Sul wedi gwisgo fath â'r rhai yn y llun ryw dro cyn fy ngeni i, medda Ger. Yr hogyn bach o China oedd o efo pyjamas a het bach ddigri am ei ben ac roedd o'n canu 'Draw, draw yn China'. Os basan nhw'n gneud y ddrama yna eto, mi faswn i'n licio bod yr hogan bach o India. Mi fasa fo'n lot mwy o hwyl na bod yn angal bob tro.

Anti Edith drws nesa ond un sy'n chwara'r organ yn Festri. Mae hi'n gorfod gweithio'n galad iawn achos mae'n rhaid iddi hi bwmpio'r pedals 'run pryd â chwara'r noda. Mae organ Festri'n hen iawn ac mae'r pedals yn drwm, medda Anti Edith. Erbyn diwadd yr emyn, yn enwedig os ydi hi'n emyn hir, mi fydd Anti Edith wedi ymlâdd ac mi fydd ei het hi wedi dechra llithro lawr un ochor ei phen. Dwi'n disgwyl iddi stopio rhywbryd a rhoi row iawn i ni gyd am slyrio.

Pan fydd Capal Bora drosodd o'r diwadd, mi fydd Ger a fi'n mynd am dro i dop Allt Môr tan fydd cinio'n barod. Mynd am dro ydi un o'r chydig betha gewch chi neud ar ddydd Sul. Mi fydda i wrth fy modd yn gneud hynny achos dyma'r amsar fydda i'n cael Ger i gyd i fi fy hun.

Mi fyddwn ni'n siarad am bob math o betha, fel be fydd wedi digwydd i mi yn 'Rysgol yn ystod yr wythnos. Mi fuo fo ar flaen fy nhafod i fwy nac unwaith i ddeud wrtho fo sut mae Dinah Smith yn 'y ngham-drin i ond, am ryw reswm, fedra i ddim dod o hyd i'r geiria. Mae gen i ormod o g'wilydd rywsut ac mae gen i ofn i Ger feddwl 'mod i'n fabi. A beth bynnag, dwi ddim isio difetha'n hamsar ni yn sôn am Dinah Smith.

Weithia, mi fydd Ger yn sôn be mae o'n gobeithio'i neud os bydd o'n pasio'i *Senior* 'rha nesa. Dwi ddim yn dallt yn iawn be ydi'r *Senior* 'ma, ond dwi'n meddwl ei fod o'n rhwbath tebyg i'r Sgolarship mae David Wyn yn gorfod ei basio os ydi o am gael mynd i'r Cownti Sgŵl. Wedyn, medda Ger, mae 'na arholiad arall o'r enw *Higher* mae'n rhaid iddo fo basio cyn y ceith o fynd i Coleg. Mae'r holl beth yn swnio'n waith calad iawn i mi, a dwi'n meddwl y basa'n llawar haws iddo fo fynd i weithio i Gwaith Mawr efo Dad.

Yn ddistaw bach, dwi ddim isio i Ger fynd i'r Coleg achos mi ddudodd o wrtha i ryw dro fod y Coleg yn bell i ffwrdd yn Aberystwyth ac mi fasa fo'n gorfod aros yno am wythnosa heb ddŵad adra. Yn Aberystwyth mae Eirlys sy'n dod i drws nesa'n byw ac mae hi'n deud ei fod o filoedd o filltiroedd o'n pentra ni.

Ar ôl cyrraedd adra, mi fydd cinio'n barod. Un dda 'di Mam am neud cinio dydd Sul – tatws a moron a chig a grefi, ac wedyn platiad o bwdin. Ar ôl clirio bwrdd a golchi llestri, mae'n amsar mynd i'r Ysgol Sul.

Mrs D. P. Thomas ydi'n hathrawes Ysgol Sul ni, y plant bach, ac mae'n dosbarth ni mewn stafall fach drws nesa i'r Festri, rhag ofn i ni neud gormod o sŵn a drysu'r dosbarthiada erill. Does 'na fawr o siawns i ni neud sŵn chwaith efo Mrs D. P. yn cadw llygad barcud arnan ni. Dim Pechod ydi'r D. P., medda David Wyn, ond dwi ddim yn meddwl ei fod o'n deud y gwir.

Dynas fawr, dal ydi hi efo mwstash a gwallt gwyn wedi'i glymu mewn bỳn tu ôl i'w phen. Rhyw gôt laes ddu dros ffrog ddu a het ddu fflat fydd hi'n eu gwisgo bob amsar. Mi faswn i'n licio ei gweld hi'n gwisgo rwbath lliwgar weithia ond mae'n siŵr na neith hi byth achos mae'n siŵr fod Mrs D. P. yn gweld lliwia'n bechod.

"Mae hi'n gwisgo du am ei bod hi'n wraig weddw," medda Dad.

Do'n i ddim yn gwybod be oedd gwraig weddw.

"Rhywun sy wedi colli'i gŵr," medda fo wedyn.

Dwi ddim yn gwybod sut buo hi mor flêr â cholli'i gŵr ond dwi'n meddwl mai rhedag i ffwrdd wnaeth y cr'adur. Dyna faswn i'n ei neud os basa'n rhaid i mi fyw efo hi bob dydd.

Ar ddechra'r Ysgol Sul bob tro mi fydd Mrs D. P. yn mynd dros y Deg Gorchymyn o be gewch chi neud a ddim ei neud ar ddydd Sul:

Dim chwerthin;

Dim bwyta fferis;

Dim chwara;

Dim darllan comics;

Dim rhedag;

Dim chwibanu;

Dim gwrando ar weirles;

Mynd i'r Capal dair gwaith;

Bod yn ddiolchgar cael bod yn yr Ysgol Sul;

Gwrando ar yr athrawes.

Os byddwn ni'n torri rhai o'r rheola yma, mi fyddwn ni'n mynd i Uffern ar ein penna at y Diafol, medda Mrs D. P. Diolch byth mai dim ond unwaith yr wythnos mae hi'n ddydd Sul. Ond dwi'n methu dallt y peth achos dwi'n gwybod eu bod nhw'n chwerthin ac yn cael fferis yn rhai o'r dosbarthiada erill sy yn Festri. A dydyn nhw'm yn poeni eu bod nhw am fynd i Uffern chwaith.

Ar ôl mynd dros y rheola, mi fydd Mrs D. P. yn deud straeon wrthan ni. Ond dydi hi byth yn deud stori neis fel hanas y Bugail Da, ond rhyw storïa cas am blant bach yn mynd at y Diafol am eu bod nhw wedi gwneud rhwbath drwg. Ma 'na un stori dwi'n methu ei hanghofio ac rydw i wedi cael breuddwydion drwg amdani lawar gwaith...

"Un Sabath braf yn yr haf," medda Mrs D. P., *"penderfynodd geneth fach ddrwg y buasai'n well ganddi hi fynd i chwarae ar lan y môr yn hytrach na mynd i'r Ysgol Sul. Felly, aeth ar hyd y ffordd arall a oedd yn*

arwain i'r traeth ac i ddistryw... "

A finna'n teimlo fy hun yn cochi'n annifyr achos ro'n i wedi bod yn meddwl ar y ffordd i'r Ysgol Sul y diwrnod hwnnw peth mor braf fasa cael mynd i chwara ar lan môr efo Alwen Mai. Oedd Mrs D. P. yn gallu darllen 'y meddwl i?

"... O, fe gafodd yr eneth fach lawer o hwyl yn chwarae gyda phlant drwg eraill ar y traeth. Pan ddaeth hi'n amser iddi fynd adref, penderfynodd ddweud celwydd wrth ei rhieni a chymryd arni ei bod wedi bod yn yr Ysgol Sul.

"Aeth wythnosau heibio ac aeth yr eneth fach i wneud rhagor o ddrygioni yn lle mynd i'r Ysgol Sul ac mi dyfodd ei chelwyddau'n fwy ac yn fwy..."

Pam bod yn rhaid i Mrs D. P. syllu'n syth arna i wrth ddeud y stori? Oedd hi'n gwybod 'mod i jyst iawn â lladd Rodney Bach pan naethon ni drio cerddad i Llan?

"Un dydd, pan oedd ar ei ffordd i wneud rhyw ddrygioni, gwelodd ddyn clên yr olwg yn dod tuag ati.

"Lle wyt ti'n mynd, eneth fach?' gofynnodd y dyn. 'Fuaset ti'n hoffi dod gyda mi a chael amser da?'

"Cytunodd yr eneth fach yn llawen ac aeth i ddilyn y dyn.

"Ond ar ôl iddynt fynd ymhell o'r pentref lle roedd yr eneth fach yn byw, trodd y dyn ati. Doedd dim golwg glên arno bellach, o na. Roedd ei wyneb yn hagr ac roedd ei lygaid yn fflachio fel mellt coch. Gafaelodd ei ddwylo esgyrnog yng ngwddw'r eneth fach a'i wasgu nes bod ei hwyneb yn troi'n biws a'i thafod du'n hongian allan o'i cheg..."

"Na! Stopiwch! Plîs!" gwaeddais gan rhoi 'nwylo dros fy nghlustia.

Ond doedd Mrs D. P. ddim isio rhoi'r gora iddi rŵan a hitha wedi cyrraedd y rhan o'r stori roedd hi'n ei mwynhau fwya.

"Beth sy'n bod arnat ti, hogan? Ydi dy gydwybod di'n pigo? Gwranda di ar y stori, 'mechan i, rhag ofn i'r un peth ddigwydd i ti!

"Y Diafol oedd y dyn ac roedd o wrth ei fodd am ei fod o wedi dal yr eneth fach bechadurus.

"Ar ôl ei thagu, aeth â hi i lawr i Uffern ac yno mae hi hyd heddiw yn eistedd yn y Tân Mawr. Ac yno y bydd hi, yn llosgi am byth!"

Roedd dagra'n rhedag i lawr fy ngwynab erbyn hynny ac ro'n i'n teimlo fel taflyd i fyny. Er 'mod i'n gwybod mai stori 'neud oedd hi, fedrwn i ddim bod yn siŵr na fasa'r un peth yn digwydd i mi.

Mi fyddwn i'n deffro'n chwys oer bob nos am wythnosa am 'mod i'n cael hen freuddwydion drwg ar ôl clwad y stori ofnadwy yna.

Yna, un noson, dyma fi'n breuddwydio mai Dinah Smith oedd yr hogan ddrwg yn Uffern. Doedd gen i ddim gymaint o ofn straeon ofnadwy Mrs D. P. ar ôl hynny. A deud y gwir, dwi wedi dechra'u mwynhau nhw!

Ar ôl Ysgol Sul bob wsnos, mi fydd yn rhaid i mi ruthro adra – ond *dim rhedag*, wrth gwrs. Rhaid cael te cyn mynd yn ôl i Capal Nos.

Capal Nos ydi'r gora gen i achos mae gan bob teulu eu sêt eu hunan. Ac mae'n braf cael ista efo Mam, Dad a Ger yn sêt ni. Biti mai yn y gwaelod mae'n sêt ni hefyd achos mi fasa fo'n fwy o hwyl cael ista yn y galeri ac edrach i lawr ar bawb.

Pan fydd y pregethwr yn gweddïo'n hir, mi fydd Dad yn rhoi Polo Mint i mi. Mae hyn yn gneud i mi boeni braidd gan fod Mrs D. P. yn deud nad ydan ni ddim i fod i fwyta fferis ar ddydd Sul. Ond fasa Dad byth yn gneud rhwbath drwg yn Capal o bob man, felly mae'n siŵr ei bod hi'n iawn i mi gymryd y Polo. Cyn rhoi'r mint yn fy ngheg, mi fydda i'n taro cip sydyn at set Mrs D. P., rhag ofn ei bod hi'n edrach.

Ar ddiwadd y bregath, bydd y plant yn mynd ymlaen i'r sêt fawr i ddeud ein hadnoda. Mam fydd yn dewis adnod i mi ddysgu bob wythnos ac mi fydd hi'n gneud i mi ei deud hi drosodd a throsodd fel 'mod i'n ei gwybod hi'n iawn erbyn nos Sul.

Ar ôl Capal Nos, mi fydd hi'n amsar swpar ac yna'n amsar i mi fynd i'r gwely cyn dechra wythnos arall yn 'Rysgol.

8

TRIP YSGOL SUL

Er bod Mrs D. P. Thomas yn codi ofn ofnadwy arna i yn 'Rysgol Sul, mae 'na bobl erill glên iawn yno sy'n trefnu trip i ni bob blwyddyn ac mae cael mynd ar y trip yn ei gneud hi'n werth diodda Mrs D. P. Thomas a'i rheola a'i straeon cas.

Mae 'na bedwar capal yn 'Rhendra i gyd ac mae 'na Ysgol Sul ym mhob un heblaw am Capal Susnag. Dwi ddim yn siŵr iawn pam bod 'na gapal Susnag yn 'Rhendra gan fod pawb sy'n mynd yno, heblaw am deulu Alison Burtram, yn siarad Cymraeg. Mi ddechreuodd Alison ei hun ddŵad i Ysgol Sul Capal ni am chydig, ond dwi'n meddwl ei bod hi wedi dychryn am ei bywyd efo Mrs D. P. Thomas, ac mae hi'n mynd i Ysgol Sul Capal Horab rŵan efo Alwen Mai.

Mi fydd pob Ysgol Sul yn dŵad at ei gilydd i benderfynu lle 'dan ni'n mynd am drip bob blwyddyn. Dwn i ddim pam mae'n rhaid gneud hynny chwaith, achos i Rhyl fyddwn ni'n mynd bob tro, heblaw'r flwyddyn dwytha, pan gafodd Mrs Morgan-Williams y Banc a'i chriw eu ffordd eu hunan, ac mi fuo'n rhaid i ni fynd rownd yr Horseshoe Pass a stopio'n rhyw gaffi i gael te. Roedd pawb yn hollol bendant mai hwnnw oedd y Trip Ysgol Sul mwya diflas fuo 'na rioed.

Ond y flwyddyn yma, mi wnaeth pawb yn siŵr fod yr ysgolion Sul i gyd yn dewis Rhyl. Ac er i Mrs Morgan-Williams drio'n perswadio ni y basa'n neis cael trip rownd Sir Fôn, roeddan ni'n barod amdani tro 'ma. Ysgwyd ei phen nath Mrs Morgan-Williams a deud rwbath am 'ddi-chwaeth', beth bynnag ydi hynny.

Ar ôl i bawb benderfynu ar ddyddiad, roedd 'na hen edrach ymlaen at y diwrnod mawr. Roedd Alwen Mai a finna wedi gneud bob math o gynllunia am sut roeddan ni'n mynd i dreulio'r diwrnod: pa reids oeddan ni am fynd arnyn nhw yn Marine Lake a sut hetia oeddan ni am eu prynu. Mi o'n i wedi bod yn trio cynilo pob ceiniog yn fy nghadw-mi-gei ers misoedd ac erbyn amsar y trip roedd o'n drwm iawn.

Noson cynt, mi es i 'ngwely'n gynnar. Ond er i mi drio a thrio, ro'n i'n methu'n glir â chysgu gan 'mod i 'di cynhyrfu gymaint. Mae'n siŵr i mi gysgu'n diwadd, achos y peth nesa dwi'n gofio ydi Ger yn fy neffro i a deud wrtha i godi'n reit sydyn achos roedd yn rhaid i ni fod yn garej Moto Coch yn fuan os oeddan ni isio lle ar bỳs Alun Moto.

Alun Moto ydi'r dreifar gora yn y byd, medda David Wyn, ac mae o'n well na Stirling Moss! Wel, mi fasa fo'n deud hynny mae'n siŵr, gan fod Alun yn frawd i'w dad o. Ond mae'n wir fod Alun yn ddreifar da ac mae pawb isio cael lle ar ei fỳs o pan fyddwn ni'n mynd ar Drip Ysgol Sul achos mae o'n cyrraedd o flaen y bysys erill i gyd bob tro.

Ar ôl llyncu rhyw fath o frecwast, roeddan ni'n

barod i gychwyn. Rhedodd Ger o flaen Mam, Dad a fi er mwyn iddo fo gael lle'n sêt gefn efo'i ffrindia. Ond roeddan ni'n ddigon buan hefyd a phan gyrhaeddon ni y garej, dyma ni'n anelu'n syth am fỳs Alun Moto.

Roedd David Wyn yno'n barod yn ista'n sêt ffrynt fath â mai fo oedd pia'r bỳs. Alun Moto oedd yn mynd i edrach ar ei ôl o drwy'r dydd achos doedd Anti Sali ac Yncl Now ddim yn dŵad ar y trip flwyddyn yma am eu bod nhw'n mynd i gael babi.

Roedd Alwen Mai yn y bỳs yn barod, ond pan 'nes i fynd ati i ista, dyma hi'n deud, "Ma rhaid i ti ista'n rhwla arall achos dwi'n cadw lle i Alison."

"Ond rydan ni'n ista efo'n gilydd bob amsar."

"Sorri, ond mae Alison a fi wedi gneud plania yn 'Rysgol Sul. Ma plant Horab yn mynd i sticio efo'i gilydd ar y trip 'ma. Dos di i ista efo rhywun o Capal chi."

Ro'n i'n teimlo 'mocha i'n cochi fel tomato ac roedd rhaid i mi gwffio'r dagra achos do'n i ddim isio i bawb ar y bỳs weld faint roedd Alwen Mai wedi 'mrifo i. Felly dyma fi'n dechra stwffio i mewn i sêt Mam a Dad. Ond roedd Alun Moto wedi gweld be oedd wedi digwydd. A chwara teg iddo fo, dyma fo'n deud wrth David Wyn neud lle i mi yn sêt ffrynt efo fo. Dwi ddim yn meddwl fod David Wyn yn rhyw hapus iawn efo hynny, ond wrth weld gwynab ei yncl nath o'm deud dim byd.

"Ylwch, mae David Wyn yn ista'n ffrynt efo'i gariad!" medda rhywun o gefn y bỳs.

Ro'n i'n gallu teimlo David Wyn yn rhewi yn y sêt, ac am unwaith, doedd ganddo fo ddim atab.

Mi driais i ofyn rhwbath am y babi, er mwyn trio

bod yn glên, ond y cwbwl ges i oedd, "Cau dy geg, Beti Bwt! Dwi ddim isio siarad efo chdi o flaen pawb!"

A finna'n gwenu'n ddistaw bach efo fi'n hun wrth glywad David Wyn yn trio bod yn galad. Dwi wedi hen arfar efo fo'n deud petha cas wrtha i – fel 'na fuo fo rioed. Ond roedd cael Alwen Mai yn gneud ffŵl ohona i o flaen pawb ar y bỳs yn beth gwahanol.

"Reit 'ta, Alwen Mai," medda fi wrtha i fy hun, "gobeithio y byddi di'n hapus efo dy Alison Burtram achos dwi wedi digio efo chdi am byth. Waeth i ti heb â thrio ffalsio!"

Cyn hir, roedd y bỳs yn llawn a dyma ni'n cychwyn o flaen y bysys erill. Ew, roedd hi'n braf cael ista'n sêt ffrynt a chodi llaw ar bawb oedd yn drysa'r tai yn edrach arnan ni.

Roedd David Wyn wedi anghofio bod yn flin erbyn hyn ac wedi cymryd arno'i hun y job o ddeud wrth bawb ar y bỳs lle roeddan ni wrth i ni ddŵad at bob un pentra.

"Dyma ni'n Gyrn Goch!" medda fo dros y lle.

"Rydan ni rŵan yn dŵad i mewn i Glynnog."

Doeddan ni ddim wedi mynd yn llawar pellach na Chlynnog pan ddaeth 'na waedd o rywle yng nghanol y bỳs.

"Stopiwch y bỳs! Stopiwch y bỳs! Mae Terence yn teimlo'n sâl!"

Ac ar hynny, dyma Terence Babi Mam a'i fam yn gwthio'u ffordd ymlaen i'r ffrynt a Terence yn taflu i fyny'r stwff pinc afiach 'ma ar hyd llwybr canol.

Doedd dim amdani ond stopio i ada'l i Terence a'i

fam fynd allan. A dyna lle roedd o'n dal i daflu fyny ar ochor lôn.

Aeth Mam a chydig o ferchaid erill i drio llnau'r bỳs gystad ag oedd modd efo tudalenna papur newydd. Ond roedd 'na ryw ogla sur anghynnas dros y lle i gyd.

"Dewch 'laen, wir!" gwaeddodd David Wyn ar Terence a'i fam, "neu mi fydd y bysys erill wedi'n pash… "

Doedd o ddim wedi gorffan deud hynny pan ddaeth y tri bỳs arall yn syth ar ôl ei gilydd a dyna lle roedd pawb yn codi llaw ac yn chwerthin am ein penna ni.

"Mi daga i'r Terence Babi Mam 'na a'i fam," medda David Wyn yn wyllt. "Pam oedd rhaid i'r ffŵl gwirion yfad potal gyfa o Gorona coch ar y bỳs?"

Ar ôl ffysian dipyn mwy, daeth y ddau yn ôl i mewn a dyma ni'n cael ailgychwyn o'r diwadd.

"Paid â phoeni, David Wyn," medda Alun Moto. "Mi nawn ni gyrra'dd Rhyl o flaen lleill 'na eto, gei di weld."

Roedd gwell hwylia ar David Wyn ar ôl clywad hyn a dyma fo'n ailddechra enwi llefydd.

"Pontllyfni!… Wal Glyn… Bethesda Bach!… Bontnewydd!"

Yng nghanol Bontnewydd, dyma Alun Moto'n troi oddi ar lôn Caernarfon a mynd traws gwlad. Doedd David Wyn ddim yn gwybod lle roedd o ar ôl hynny, felly mi stopiodd weiddi enwa llefydd a dyma fo'n troi ei gefn arna i ac edrach allan trwy ffenast y bỳs.

Roeddan ni wedi bod ar y ffordd am oesoedd ac ro'n i ar fynd i gysgu, pan fuo bron i mi neidio allan o 'nghroen

am i David Wyn weiddi'n sydyn dros y lle, "Dacw hi!"
Dechreuodd pawb arall weiddi wedyn eu bod nhw'n gallu gweld yr olwyn fawr sy yn Marine Lake ar y gorwel hefyd.

Cyn pen dim, roedd Alun Moto wedi parcio'r bỳs a pawb yn ei ganmol o am fod yn ddreifar mor dda. Ddaeth y bysys erill ddim i'r maes parcio tan ryw chwartar awr dda ar ein hola ni.

Ac er 'mod i wedi digio efo Alwen Mai, hwnnw oedd y diwrnod gora rioed yn Rhyl.

Cinio tu allan ar y balconi yn y caffi wrth ymyl Marine Lake i ddechra ac yna ar ôl bwyd dyma fi'n prynu het gowboi fath ag un David Wyn efo'r pres ro'n i wedi ei hel yn fy nghadw-mi-gei. Het lawar gwell na'r rhai la-di-da oedd gan Alwen Mai ac Alison Burtram.

Mae'n rhaid bod Eleri Haf, hogan Mistar Jones Gweinidog, wedi clywad am yr helynt ges i ar y bỳs efo Alwen Mai achos dyma hi'n deud y baswn i'n cael mynd ar y reids yn Marine Lake efo hi a'i ffrind, Nerys Lloyd.

Ro'n i wrth 'y modd yn mynd o gwmpas lle efo'r ddwy hogan fawr. A phan welson ni Alwen Mai ac Alison Burtram yn ciwio i fynd ar y meri-go-rownd, 'nes i ddim cymryd sylw ohonyn nhw.

Cyn pen dim, roedd hi'n amsar i ni fynd yn ôl ar y bỳs.

Ro'n i'n edrach ymlaen, yn ddistaw bach, i gael ista'n sêt ffrynt efo David Wyn eto ar ffordd adra. Ond pan gyrhaeddais i'r bỳs, dyna lle roedd Alwyn Roberts, yr hen sinach bach iddo fo, yn ista yno ac yn meddwl ei fod o'n dipyn o foi.

"Fi sy'n ista'n fama rŵan, yntê David Wyn?" medda fo. "Dos di i chwilio am rwla arall, Beti Bach."

Am yr ail waith y diwrnod hwnnw, ro'n i'n teimlo fel crio ond yn benderfynol o beidio gwneud ffŵl ohona i'n hun o flaen pawb. Felly dyma fi'n stwffio i'r sêt at Mam a Dad. Ond cyn i mi ista, dyma Alwen Mai yn codi a deud wrtha i bod 'na le efo hi.

"Lle mae Alison Burtram?"

"Dwi'm yn gwbod. Ar un o'r bysys erill efo'i mam a'i thad, am wn i," medda Alwen Mai'n ddidaro. "Tyd i fama, dwi wedi cadw lle i ti."

"Wel, dwi'm yn siŵr, achos ti... "

"O, tyd. Plîs," medda hi wedyn.

"Wel, iawn 'ta," medda fi.

Ar ôl i mi fynd i ista efo hi, mi ddudodd bod yn ddrwg ganddi am gadw sêt i Alison Burtram yn fy lle i.

"Ches i ddim hwyl efo hi, 'sti, achos roedd hi'n ofnadwy o ddiflas. Nath hi ddim byd ond cwyno nad oedd hi'n licio mynd mewn bỳs a'i bod hi'n teimlo'n sâl ar ôl bod ar bob un reid. Chdi 'di fy ffrind gora i go iawn, 'sti. Mae 'na lot mwy o hwyl i gael efo chdi nag efo Alison Butram," medda hi, "a wna i byth dy siomi di eto."

"Wyt ti'n gaddo?"

"Yndw, dwi'n gaddo," medda hi.

"Iawn 'ta," medda fi. Er 'mod i isio gneud i Alwen Mai ddiodda am ei bod hi wedi gneud gymaint o ffŵl ohona i o flaen pawb, ro'n i mor falch ei bod hi wedi deud 'mod i'n well ffrind nag Alison Burtram.

Ar ôl hynny, mi fuon ni'n siarad a chwerthin wrth sôn am bob dim roeddan ni wedi'i neud yn Rhyl. Ond, mae'n siŵr bod y ddwy ohonan ni wedi blino'n lân, achos y peth nesa dwi'n gofio ydi cael ein deffro efo llais David Wyn yn gweiddi dros y bỳs:

"Hwrê! 'Dan ni adra!"

9

BABIS

Chydig ddyddia ar ôl Trip Ysgol Sul, aeth Mam a fi i dŷ David Wyn i weld y babi newydd. Mi aethon ni i mewn drwy'r drws cefn a dyma Mam yn galw "Iŵ hŵ! Oes 'ma bobol?" Dyna mae pawb yn Stryd Ni'n ddeud wrth fynd i dai ei gilydd. Daeth Yncl Now i'r golwg a deud wrthan ni ddod trwadd i'r ystafell fyw.

Er bod llun Defi Crocet yn dal ar y wal a phetha'r hogia o gwmpas y lle ym mhobman, doedd y stafall ddim 'run fath ag arfar. Roedd hi'n wag ac yn ddistaw yno. Doedd 'na ddim golwg o David Wyn na'i frodyr mawr.

"Mae'r hogia wedi mynd i pictiwrs yn Dre i weld rhyw ffilm gowbois," medda Yncl Now.

Ro'n i'n teimlo chydig bach yn siomedig pan glywis i hyn. Ond mi 'nes i anghofio'n fuan pan ddudodd Yncl Now wrth Mam a fi fynd i fyny'r grisia i weld y genod.

Genod? Pa genod? Doedd 'na ddim genod yn tŷ David Wyn. Dim ond llond y lle o hogia. Heblaw am Anti Sali.

Ro'n i'n dal i bendroni am hyn pan gyrhaeddon ni ben y grisia ac agor drws y llofft ffrynt. A dyna lle roedd

Anti Sali yn ei gwely. Be oedd hi'n dda yn ei gwely ganol dydd? Oedd hi'n sâl ncu rwbath?

"Dewch i mewn, dewch i mewn," medda hi. "Tyd yn nes, Bet Bach, i ti gael gweld Elen Wyn."

Elen Wyn? Pwy oedd Elen Wyn? *Elen* Wyn – enw hogan ydi hwnna, meddyliais. Does bosib eu bod nhw wedi cael hogan? Hogan arall yn Stryd Ni? Do'n i ddim yn licio hyn. Fi oedd yr unig hogan yn Stryd Ni...

"Tyd i ista ar gwely i fama i ti gael ei gweld hi'n iawn," medda Anti Sali. A chyn i mi gael meddwl, roedd Mam wedi tynnu'n sgidia i a 'ngosod i ar y gwely wrth ochor Anti Sali. A dyna lle ro'n i'n edrach i lawr ar y bwndal bach 'ma oedd wedi'i lapio mewn siôl yng nghesal Anti Sali.

Dwn i ddim pam y gnes i be 'nes i nesa, ond dyma fi'n cyffwrdd y llaw fach binc oedd yn sticio allan o'r siôl a dyma hi'n cau ei bysadd bach yn dynn am fy mys i. Yna, dyma hi'n agor ei llgada, fath â tasa hi'n gwybod yn iawn 'mod i yno, a dyma hi'n edrach yn syth arna i. Mi ddigwyddodd rwbath rhyfadd i mi'r funud honno. Mi ges i ryw deimlad cynnas, braf yn mynd trwydda fi i gyd. Yn sydyn, ro'n i'n gwybod 'mod i'n falch fod Elen Wyn wedi dŵad i Stryd Ni.

Tra oedd Mam ac Anti Sali'n siarad am betha fel pwysa a bwydo a rhyw betha erill nad o'n i ddim yn eu dallt, ro'n i'n dal i edrach ar Elen Wyn ac roedd hi'n dal i wasgu 'mys ac yn trio mynd â fo at ei cheg.

"Mae hi'n dy licio di," medda Anti Sali. "Mae hi'n lwcus iawn i gael hogan fawr fath â chdi yn y stryd 'ma i edrach ar ei hôl hi."

Am y tro cynta yn fy mywyd, ro'n i'n teimlo 'mod

i'n hogan fawr go iawn. Dwi'n gwybod 'mod i wedi meddwl 'mod i'n fawr pan 'nes i ddechra 'Rysgol am y tro cynta, ond buan iawn 'nes i sylwi mai bach iawn o'n i y diwrnod hwnnw. Ond rŵan, mi roedd gen i hogan fach llai na fi fy hun i edrach ar ei hôl.

Pan agorodd Anti Sali fotwm ffrynt ei choban o 'mlaen i a rhoi ei thiti i Elen Wyn i'w sugno, ro'n i'n teimlo 'mod i'n cael bod yn rhan o rwbath sbesial oedd yn perthyn i fyd Mam ac Anti Sali.

Ar y ffordd yn ôl i'n tŷ ni, dyma fi'n gofyn i Mam os o'n i wedi cael fy mwydo 'run fath ag Elen Wyn.

"Do, siŵr iawn," medda Mam. "Mi 'nes i dy fwydo di tan oeddat ti tua blwydd oed."

Y noson honno, mi afaelis i yn Gwen Ddu, fy nol, a'i dal hi'n hir yn fy nghesal, yn union fel roedd Anti Sali wedi'i neud efo Elen Wyn. Ond ddaeth y teimlad cynnas, braf hwnnw ddim yn ôl. Dydi babi dol ddim 'run fath â babi go iawn.

Am ddyddia wedi i ni fod yn gweld Elen Wyn, doedd 'na ddim byd ond babis ar 'y meddwl i. O lle maen nhw'n dŵad? Sut maen nhw'n cyrraedd? Sut basan ni'n gallu cael un yn tŷ ni?

"O dan goedan gwsberis," medda Alwen Mai.

"Naci siŵr, deryn mawr sy'n dod â nhw yn ei big," medda Alison Burtram.

"Siop Miss Prydderch," medda Ger 'y mrawd. "Mae ganddi hi jeli bebis beth bynnag!"

Pam roedd pawb yn rhoi atebion gwahanol i mi? Ro'n i'n cael y teimlad nad oedd y bobol fawr ddim isio siarad am y peth a'u bod nhw'n trio troi'r sgwrs bob tro.

"Canolbwyntiwch ar eich gwaith," medda Miss Jenkins.

"Tydi plant bach ddim i fod i holi am betha fel 'na," medda Mrs D. P. Thomas.

"Gofyn i dy fam," medda Dad.

"Paid â swnian," medda Mam.

Yna, mi ges i syniad. Mi faswn i'n mynd i weld Anti Sali a gofyn iddi hi o lle daeth Elen Wyn. Doedd bosib ei bod hi wedi anghofio'n barod.

"Wel," medda Anti Sali, "mae 'na rai yn cael babis yn 'sbyty, ond Nyrs Clark ddaeth ag Elen i'n tŷ ni."

O'r diwadd, ro'n i wedi cael ateb call. Dyma fi'n diolch i Anti Sali a rhedag adra efo 'ngwynt yn fy nwrn.

"Mam! Mam! Mi fedrwn ni gael babi ond i ni ofyn i Nyrs Clark ddŵad ag un i ni. Hi ddaeth ag Elen Wyn i dŷ David Wyn. Gawn ni ofyn iddi ddŵad ag un i ni?"

Ysgwyd ei phen wnaeth Mam a deud wrtha i am beidio mwydro.

Ond do'n i ddim am roi'r gora iddi rŵan. Felly, mi swniais a swniais ar Mam a Dad am ddyddia i adael i mi fynd i ofyn i'r nyrs.

"Does dim rhaid i chi neud dim byd," medda fi. "Mi 'na i fynd i weld Nyrs Clark ac mi 'na i edrach ar ôl y babi ar ôl iddi gyrraedd."

Ond doeddan nhw'n gwrando dim arna i.

Felly dyma fi'n penderfynu y baswn i'n mynd i weld y nyrs beth bynnag. Achos ro'n i'n reit siŵr y basa Mam a Dad wrth eu bodda ar ôl i'r babi gyrraedd.

Mae Nyrs Clark yn byw mewn tŷ wrth ymyl 'Rysgol.

Felly dyma fi'n sleifio yno ar y ffordd un bora.

"Lle ti'n mynd?" galwodd Alwen Mai ar fy ôl. Roedd hi'n galw amdana i bob bora erbyn hyn ac mi fyddan ni'n cerddad i 'Rysgol efo'n gilydd. Ond do'n i ddim am i Alwen Mai wybod be ro'n i am ofyn i Nyrs Clark.

"Dos di yn dy flaen i 'Rysgol. Mi ddo i ar dy ôl di," medda fi. "Dim ond isio rhoi rhyw negas i Nyrs Clark dwi."

Dwi ddim yn siŵr os oedd Alwen Mai yn fy nghoelio i, ond mi aeth yn ei blaen hebdda i am 'Rysgol.

Mae Nyrs Clark yn cadw ei beic yn ymyl drws ffrynt bob amsar ac os bydd 'na rywun yn 'Rhendra wedi brifo neu'n sâl, mi fydd hi'n mynd ar gefn y beic i'w gweld nhw. Mi fydd hi'n galw yn nhŷ Rodney Bach Tŷ Pen yn reit amal.

Ar ôl cyrraedd y tŷ a gweld bod y beic yno, dyma fi'n curo ar y drws ffrynt a dyma Nyrs Clark yn atab.

Yn sydyn, do'n i ddim yn siŵr o'n i'n gneud y peth iawn. Ond cyn i mi gael amsar i feddwl, dyma'r nyrs yn deud, "Helô. Beti wyt ti, yntê? Wel, mi rwyt ti wedi tyfu. Dydi hi ddim ond fel ddoe er pan gest ti dy eni."

"Oeddach chi yna pan ges i fy ngeni?"

"Oeddwn, tad," medda'r nyrs. "Dwi'n cofio'n iawn. Babi bach del oeddat ti hefyd."

"Chi ddaeth â fi yn eich bag i tŷ ni?"

"Wel, ia, mewn ffordd."

Roedd hyn yn ddigon da i mi. Felly dyma fi'n gofyn iddi'n blwmp ac yn blaen ddod â babi arall i tŷ ni.

"Hogan bach fasa ora – 'run fath ag Elen Wyn naethoch chi roi i Anti Sali, mam David Wyn."

Ddudodd y nyrs ddim byd am funud. Yna, dyma hi'n gofyn oedd Mam yn gwybod 'mod i wedi dod i'w gweld hi.

Dyma fi'n nodio 'mhen. Do'n i ddim yn licio deud celwydd, felly dyma fi'n croesi fy mysadd tu ôl i 'nghefn a gobeithio y basa Iesu Grist yn madda i mi am un tro. Wedi'r cwbwl, roedd o am reswm da.

Dal i edrach yn rhyfadd arna i oedd Nyrs Clark fath â bod neb rioed wedi gofyn iddi am fabi o'r blaen. Yna, dyma hi'n deud y basa hi'n gweld be alla hi neud am y peth. Ond doedd ganddi hi ddim babis yn y bag ar hyn o bryd, medda hi.

Mi es i yn fy mlaen am 'Rysgol yn hapus fel y gog.

"Be sy matar efo chdi?" medda Alwen Mai amsar chwara. "Ti 'di bod yn gwenu fel giât drwy'r bora, hyd yn oed pan nath Miss Jenkins roi'r symia rhannu ofnadwy 'na i ni."

Mae Alwen Mai yn fy nabod i'n dda ac ro'n i'n gwybod na fedrwn i ddim cadw'r newyddion oddi wrthi. A beth bynnag, ro'n i bron â byrstio isio deud wrthi.

"Fedri di gadw sîcret?"

"Gallaf, siŵr. Be sy? Duda!"

"Dwi'n mynd i gael babi!"

"Paid â bod yn wirion! Tydi genod bach ddim yn cael babis, siŵr."

"Wel, mi rydw i'n mynd i gael un. Mae Nyrs Clark wedi deud."

"O," medda hi'n ddigon swta. Ddudodd hi ddim byd arall wedyn.

Mi driais i sôn am y babi wedyn rhag ofn nad oedd

hi ddim wedi dallt.

"Gei di fy helpu fi i fynd â hi am dro a ballu, 'sti," medda fi.

"Dim diolch," medda Alwen Mai. "Mae'n gas gen i fabis. Dydyn nhw'n ddim byd ond traffath."

Ro'n i'n methu dallt pam nad oedd Alwen Mai wedi gwirioni fath â fi. Mae hi wrth ei bodd yn chwara efo babis dol.

Ond doeddwn i ddim am adael iddi daflu dŵr oer na difetha petha i mi. Felly pan ddaeth hi'n amsar Newyddion, dyma fi'n deud wrth bawb yn y dosbarth: "Rydw i'n mynd i gael babi – hogan bach – a Hanna fydd ei henw hi, fath â Nain Cae'r Delyn."

"Wel, dyna newyddion hyfryd," medda Miss Jenkins. "Cofiwch ddweud 'mod i'n llongyfarch eich mam a'ch tad."

Do'n i ddim yn gwybod pam oedd isio llongyfarch Mam a Dad; wedi'r cwbwl, fi oedd wedi gneud pob dim hyd yn hyn. Fasa 'na byth fabi os baswn i wedi aros iddyn nhw neud rhwbath am y peth.

"Be wyt ti wedi bod yn ddeud tua 'Rysgol 'na?" medda Mam noson wedyn. "Mae 'na lwyth o bobl wedi dŵad ata i'n Stôr a'n llongyfarch i am 'mod i'n mynd i gael babi. Fuo gen i rioed gymaint o g'wilydd."

"Sypreis oedd o i fod," medda fi. "Mi es i i weld Nyrs Clark bora ddoe ac mi 'nes i ofyn iddi ddŵad â babi fath ag Elen Wyn i ni."

"Be?! Ti ddim yn deud wrtha i dy fod ti wedi mynd i dŷ'r nyrs? Mae hi'n ddynas brysur ofnadwy. Paid ti byth â gneud dim byd fel 'na eto. Wyt ti'n dallt?!"

"Ond mae pob dim yn iawn," medda fi. "Does gan y Nyrs ddim babi yn ei bag ar hyn o bryd. Ond mae hi 'di deud y daw hi ag un i ni pan ddôn nhw."

"Dwyt ti ddim yn dallt," medda Mam yn flin. "Dydi plant bach ddim i fod i fysnesu ym mhetha pobl fawr. Rŵan, dwi ddim isio clywad 'run gair am fabi eto, ti'n dallt? Dos i chwara efo dy ddolia, wir."

Teimlais y dagra'n llenwi'n llgada. Fi ddim yn dallt? Fi oedd yr unig un *oedd* yn dallt. Fi oedd wedi cael y teimlad cynnas braf 'na pan welis i Elen Wyn am y tro cynta. Roedd Anti Sali a Mam wedi gadael i mi rannu petha efo nhw'r diwrnod hwnnw, ond rŵan, roedd Mam yn deud nad o'n i ddim yn dallt. Mi fyddai hi'n newid ei meddwl pan fyddai'r nyrs yn dod â'r babi i ni.

Ches i ddim stori cyn mynd i gysgu gan Dad y noson honno. Ond dyma fo'n ista ar y gwely a deud wrtha i mai Iesu Grist a Duw oedd yn penderfynu oedd pobl am gael babis bach ai peidio.

"Mae dy fam a fi wedi bod yn lwcus iawn. Mae 'na lawar o bobl sy heb ddim un babi bach, cofia."

Ar ôl i Dad fynd i lawr grisia, mi 'nes i ddechra meddwl be roedd o 'di ddeud. Ac roedd o'n deud y gwir: doedd gan Miss Prydderch Siop, Anti Meri Drws Nesa, Anti Edith na Nain a Taid Si-So ddim plant. Ond, eto, roedd gan mam a tad David Wyn bedwar. Doedd Iesu Grist a Duw ddim yn gallu rhannu'n dda iawn.

10

GNEUD NEGAS

"Betiii! Lle wyt ti?" torrodd llais isio-i-fi-neud-rhwbath Mam ar draws fy chwara. Be ddylwn i neud? Smalio nad o'n i ddim 'di clywad a chario 'mlaen i chwara tŷ bach, 'ta atab?

Ro'n i newydd osod popeth allan er mwyn chwara tŷ bach yn yr hen gwt mochyn sy 'mhen draw 'rar', drws nesa i'r peti. Does 'na ddim mochyn 'di bod 'na ers amsar Rhyfal, 'mhell cyn 'y ngeni i, felly mae o'n lle da i chwara tŷ bach.

Rydw i'n lwcus 'mod i'n byw drws nesa i'r siop, achos mi fydd Miss Prydderch yn lluchio lot fawr o hen focsys, tunia bisgedi a jaria fferis gwag a ballu i'r iard gefn tu ôl i'r siop ac mae Ger yn dringo drosodd i nôl rhai o'r petha i mi weithia.

"Waeth i ti'u cael nhw ddim," medda fo, "gan fod Miss P. wedi'u lluchio nhw i'r iard. Mi fydd 'na chydig llai o lanast iddi glirio ryw ddiwrnod."

Mae llawar o'r petha 'ma wedi ffeindio'u ffordd i'r cwt mochyn erbyn hyn a dwi wedi gallu troi rhai o'r tunia a'r bocsys yn ddodrefn i'r tŷ bach. Dwi'n siŵr mai gen i mae'r tŷ bach gora yn y byd, heblaw am un

Alwen Mai. Wel, gen i mae'r tŷ bach gora'n Stryd Ni, beth bynnag!

Biti na fasa Alwen Mai yn byw yn nes achos 'sgen hogia ddim syniad sut i chwara tŷ bach. Neith David Wyn nac Alwyn Roberts ddim dod yn agos at y dolia na'r tŷ bach fel arfar. Petha genod ydyn nhw, meddan nhw. Er, mi gafon ni lot o hwyl wsnos dwytha yn chwara Cabin in the Clearing a smalio bod Indians yn 'mosod ar y Cabin, fel roedd yr hogia'n mynnu galw'r cwt mochyn.

Alwyn Roberts oedd yn gorfod bod yn Indian achos mae David Wyn isio bod yn gowboi bob tro am mai fo 'di'r mwya.

"Gei di fod yn ŵr i Beti Bwt, 'ta," medda fo, pan gwynodd Alwyn. Ond doedd o ddim isio hynny chwaith.

Felly dyma nhw'n cael gafal yn Terence Babi Mam pan oedd hwnnw ar ei ffordd adra o Siop Miss Prydderch a gneud iddo fo fod yn ŵr i mi. Rodney Bach Tŷ Pen oedd hogyn bach Terence a fi.

"Help!" medda fi. "Ddy nôti men âr cyming!" Ro'n i'n meddwl 'mod i'n dipyn o giamstar ar siarad Susnag ond chwerthin nath y lleill a deud mai 'awt-lôs', neu rwbath, o'n i fod i ddeud.

Aeth y gêm ymlaen yn dda tan nath David Wyn ac Alwyn sboilio bob dim wrth ddechra ffraeo a chwffio go iawn am fod un yn cau marw ar ôl i llall ei saethu o...

"Betiiii!!" Roedd llais Mam yn uwch tro 'ma a dyma fi'n meddwl y basa'n well i mi atab. Wedi'r cwbwl, doedd gen i'm llawar o fynadd chwara tŷ bach ar ben fy hun efo'r dolia, a doedd hyd yn oed Rodney Bach Tŷ Pen ddim o gwmpas. Roedd o'n sâl eto, mae'n siŵr.

Felly, allan â fi o'r cwt mochyn.

"Lle goblyn ti 'di bod? Dwi'n gweiddi ers meitin," medda Mam yn reit flin. "Dwi isio i ti fynd i Stôr i mi. Dwi newydd ddechra gneud jam mwyar duon ond dwi angan dau bwys o siwgwr."

Mae'n siŵr eich bod chi'n methu dallt pam na fasa Mam yn mynd i Siop Miss Prydderch a honno drws nesa. Wel, mae Miss Prydderch yn gwerthu bwyd sy braidd yn stêl, medda Mam. Dim ond fisitors neu bobl sy'n methu talu eu dylad yn Stôr sy'n mynd yno.

Mae 'na lot o bobl ddiarth yn dod i 'Rhendra yn yr ha ac mae pobl Tai Lan Môr fath â mam Alwen Mai yn rhoi cardia efo 'B&B' yn ffenast er mwyn i'r fisitors aros efo nhw. Mae pawb yn Stryd Ni'n gwybod fod Miss Prydderch yn mwmian canu efo hi ei hun pan fydd hi'n gwerthu rhwbath sy 'di bod ar y silff ers blynyddoedd i fisitors, achos dydi rheiny ddim callach.

Pobl erill fydd yn mynd i Siop Miss Prydderch ydi llongwrs sy'n dod ar y llonga i Cei i nôl cerrig chwaral. Mi fyddan nhw'n dod i brynu smôcs a ballu cyn i'r llonga gychwyn 'nôl am Lerpwl.

Dwi'n cofio un diwrnod pan o'n i'n chwara allan, dyma'r dyn du 'ma'n dŵad i siop. Do'n i rioed wedi gweld dyn du o'r blaen, felly mi redis i i tŷ i nôl Gwen Ddu, fy nol ora. Yna, dyma fi'n gwthio'r ddol i freichia'r dyn a deud, "Dyma fo dy dad, Gwen Ddu."

Mi fuo bron i Miss Prydderch gael ffit, medda hi wrth

Mam wedyn, achos roedd hi'n meddwl y basa'r llongwr wedi gwylltio'n ofnadwy. Ond nath o ddim byd, chwara teg iddo fo, ond gwenu cyn rhoi Gwen yn ôl i mi...

"Reit, wyt ti'n cofio be dwi isio?" medda Mam, gan roi llyfr Stôr a bag yn fy llaw.

"Yndw. Siwgwr," medda fi.

"Iawn. Mi gei di ddod â chwartar o Ddoli Mixtures i ti dy hun hefyd. Ond gwna di'n siŵr dy fod ti'n deud 'plîs' a 'diolch', a chofia ddod adra'n syth achos dwi isio gorffan gneud y jam cyn bydd hi'n amsar paratoi swpar chwaral, a... "

Cytunais i bopeth a chychwyn am y drws efo llais Mam yn fy nilyn.

"Cofia gerddad ar y pafin rhag ofn i fotos ddŵad!"

Mae'r Stôr yn dair siop, a deud y gwir. Siop gig sy ar un pen, siop ddillad a phetha tŷ yn canol, a siop fwyd ar y pen pella.

Yn y siop gig mae Bob Bwtsiar yn tynnu coes a chwerthin drwy'r dydd. Dwi'n methu dallt sut mae o'n gallu bod mor hapus a'r cigoedd mawr 'na'n hongian o gwmpas y lle a gwaed yn diferu ohonyn nhw. Ych a fi! Diolch byth doedd Mam ddim isio cig! Mi ges i freuddwyd gas un tro 'mod i wedi cael 'y nghloi yn y siop gig efo'r cigoedd mawr 'na drwy'r nos.

Siop ddillad ydi'r gora gen i. Mae 'na ryw ogla sent neis yna ac mae Miss Neugent yn gosod petha crand yn y ffenast o hyd. Pan fydda i'n hogan fawr, dwi am weithio yn y siop ddillad a helpu Miss Neugent achos mae'n siŵr y bydd hi'n hen iawn erbyn hynny.

Ond y siop fwyd ydi'r fwya a'r prysura. Mae 'na gowntar mawr ar draws y siop a rhes o silffoedd yn llawn o dunia bwyd a phacedi o bob math. Mae'r tatws a'r moron a'r ffrwytha wedi'u gosod mewn bocsys o flaen y cowntar, ac ar y cowntar ei hun mae 'na lwyth o fferis mewn poteli gwydyr.

"Wel, dyma i chi hogan fawr wedi dod i neud negas ar ben ei hun. Be gymri di, Beti Bach?" medda Idris Huws Stôr wrth fy ngweld i'n llgadu'r fferis.

"Ym… Doli Mixtures, plîs," medda fi. " O, a ga i siwgwr hefyd?" cofiais mewn pryd!

Estynnais y llyfr Stôr iddo fo a rhoi'r negas yn y bag.

Dydach chi ddim yn gorfod mynd â pres i Stôr, dim ond rhoi pob dim lawr yn y llyfr. Ar Ddydd Sadwrn Setlo, mi fydd pawb yn mynd â'u llyfra i glirio'u dylad i Miss Jones Twll Bach, a bob hyn a hyn mi fyddan nhw'n cael difidend. Bob tro bydd Mam yn cael difidend, mi fydd hi'n prynu sgram i ni yn Stôr. Mi ddaeth hi â thun mawr o fisgedi siocled adra un tro. Ew, roeddan nhw'n dda hefyd.

Mae rhai o blant 'Rhendra'n meddwl fod Miss Jones yn byw yn y bocs gwydyr yn Stôr drwy'r adag ac mai drwy'r twll bach mae hi'n cael bwyd a bob dim. Ond dwi'n gwybod fod hynny'n wirion achos Anti Sera ydi Miss Jones Twll Bach go iawn ac mae hi'n perthyn rhwbath i ni.

Ar ôl mynd allan o Stôr, dyma fi'n cael syniad o fynd adra ar hyd Llwybyr Bach. "Fydd 'na ddim motos yn fanno," medda fi wrtha fi fy hun.

Mae Llwybyr Bach yn mynd heibio cefna tai Stryd 'Rafon ac mae 'rafon ei hun yn llifo wrth ochor y llwybyr.

Dyna lle ro'n i'n cerddad yn braf gan dyrchu yn y bag am chydig o Ddoli Mixtures, pan ddath y llais cas 'ma o'r tu ôl i mi.

"Lle ti'n meddwl ti'n mynd, y bitsh bach?"

Ro'n i'n gobeithio mai ddim efo fi roedd y llais yn siarad a dyma fi'n penderfynu peidio troi rownd ond dechra cerddad yn ffastach i gael mynd o 'na. Ond cyn i mi fynd yn bell, dyma'r llaw 'ma'n gafael yn fy mraich i a 'nhroi i rownd.

A dyna lle roedd Dinah Smith a gwên anghynnas ar ei hen wynab hyll hi.

Teimlais fy nghalon yn disgyn i'n sgidia. Do'n i rioed wedi gweld Dinah Smith tu allan i 'Rysgol o'r blaen.

Triais redag o 'na ond fedrwn i ddim symud. Ro'n i'n crynu fel jeli.

"Be s'gen ti yn y bag 'na?" gofynnodd Dinah Smith gan gipio'r bag o 'nwylo i a chymryd fy Noli Mixtures. "Blydi 'el! Fferis babis, myn uffar i!"

Ond fuodd hi fawr o dro'n byta'r Doli Mixtures i gyd, fferis babi neu beidio.

Ro'n i'n gobeithio baswn i'n cael mynd ar ôl hynny ond dyma Dinah Smith yn taflu'r bag negas efo'r siwgwr a'r llyfr Stôr i 'rafon cyn rhedag i ffwrdd gan chwerthin.

Ar ôl iddi hi fynd, dyma fi'n dechra beichio crio. Be o'n i'n mynd i neud? Roedd siwgwr Mam yn 'rafon a gwaeth na hynny, roedd y llyfr Stôr wedi mynd hefyd!

Dwi ddim yn gwybod pa mor hir fues i'n ista ar ganol Llwybyr Bach yn crio. Gan 'mod i'n gneud gymaint o sŵn 'nes i ddim clywad rhywun yn cerddad ar hyd y llwybyr.

"Be 'di matar, dol?" medda llais rhyw ddyn.

Triais sychu'n llgada efo cefn fy llaw.

"Hwda, dyma chdi, cyw," medda fo wedyn gan roi hancas yn fy llaw wlyb.

Ar ôl i mi sychu'n llgada a 'nhrwyn, mi ges i goblyn o sioc wrth weld Derek Francis o bawb ar ei ben-glinia o 'mlaen i.

Mae Derek Francis yn wahanol i bawb yn 'Rhendra am ei fod o 'di bod i ffwrdd yn gweithio. Doedd o ddim yn fodlon lladd ei hun yn Gwaith Mawr fath â pawb arall, medda fo. Pan ddaeth o 'nôl o Mericia neu Butlin's neu lle bynnag buo fo, roedd o'n edrach yn wahanol iawn i'r dynion erill i gyd. Mae o'n gwisgo côt hir las a trowsus tyn a sgidia coch ac mae'i wallt o'n saim i gyd. Mae Mam yn meddwl ei fod o'n gwagio potiad o saim gŵydd ar ei ben bob dydd. Chwerthin fydd Dad a deud basa wythnos yn chwaral efo dynion go iawn yn gneud byd o les iddo fo.

"Tedi Boi ydi o," medda Ger. "'Sganddo fo ddim ofn bod yn wahanol."

Dwi'n meddwl bod Ger yn ffansïo bod yn Dedi Boi ei hun ond dwn i ddim be 'sa Mam a Dad yn ddeud tasa fo'n gwisgo fath â Derek Francis!

Ysgwyd ei phen fydd Nain Si-So pan fydd o'n pasio, a deud *"For shame!"*

"Wel, be 'di matar, dol?" gofynnodd eto.

Mi driais i atab ond ro'n i dal i ochneidio gormod. Felly pwyntiais at 'rafon.

"Dy fag di sy'n sownd wrth y garrag 'na yn 'rafon, cyw?"

Nodiais. Do'n i ddim yn gwybod os mai 'mag i oedd yr un roedd o'n ei weld ond faint o fagia 'sa'n gallu bod yng nghanol 'rafon, 'te?

"Yli, paid â poeni, dol," medda fo. "Mi ga i o i chdi."

Cododd Derek Francis ar ei draed ac edrych lawr ar 'rafon. Yna mi dynnodd ei sgidia coch a'i sana, ac mi driodd godi coesa'i drowsus i fyny ond doedd hynny ddim yn hawdd gan eu bod nhw mor dynn. Felly, mi gamodd dros y ffens oedd rhwng y llwybyr a 'rafon ac i mewn â fo i'r dŵr ac estyn y bag.

"Pwy luchiodd dy fag di i'r afon, dol?" medda fo gan edrych i fyw fy llgada fi.

Am ryw reswm, mi ges i'r teimlad y baswn i'n gallu ymddiriad ynddo fo a dyma fi'n dechra deud pob dim. Dwedais sut roedd Dinah Smith wedi bod yn fy hambygio i ers i mi ddechra yn 'Rysgol.

"Gad ti hyn i mi," medda fo. "Mi setla i Dinah Smith. Chei di ddim traffath efo honna eto."

Ar ôl gwisgo'i sgidia coch, dyma fo'n gafael yn fy llaw a deud y basa fo'n mynd â fi adra.

"Drws nesa i Siop Miss P. ti'n byw, yntê?" medda fo. R'on i 'di synnu ei fod o'n gwybod pwy o'n i achos doedd o rioed 'di cymryd sylw ohona i o'r blaen. Ond chwara teg iddo fo, aeth â fi adra bob cam a deud wrth Mam am beidio rhoi row i mi gan mai dim fy mai i oedd o bod y siwgwr a'r llyfr Stôr yn wlyb socian.

Ches i ddim row gan Mam chwaith ac mi ddudis yr hanas i gyd wrthi am sut nath Dinah Smith ddwyn fy Noli Mixtures a thaflu'r bag i 'rafon ac fel nath Derek Francis fy helpu i. Ar ôl i mi orffan deud yr hanas, cwbwl nath Mam oedd rhoi bach i mi ac ysgwyd ei phen a deud wrtha i am beidio poeni. Yna mi estynnodd y llyfr Stôr gwlyb a'i roi i sychu o flaen tân. Ond nath hi ddim gneud jam mwyar duon diwrnod hwnnw.

Wrth orwadd yn 'y ngwely'r noson honno, ro'n i'n meddwl be nath ddigwydd. Dwi'n meddwl bod Iesu Grist wedi penderfynu gneud rwbath am Dinah Smith o'r diwadd trwy yrru Derek Francis fath ag angal i ofalu amdana i.

"Diolch, Iesu Grist, am i ti anfon Derek Francis i fy helpu i. A plîs nei di edrach ar ôl Mam, Dad, Ger a Derek Francis a phawb dwi'n nabod a ddim yn nabod... heblaw am Dinah Smith. Amen."

11

TELIFISION

Yncl Glyn ydi partnar Dad. Mi nath y ddau adael 'rysgol a dechra yn Gwaith Mawr 'run diwrnod ac maen nhw wedi bod yn gweithio efo'i gilydd byth ers hynny. Mae'n siŵr y basach chi'n gallu deud eu bod nhw'n ffrindia gora fath ag Alwen Mai a fi.

Yn Stryd Nesa mae Yncl Glyn yn byw, efo Anti Rosie a Marilyn y pwdl. Dydi Dad ddim yn licio Anti Rosie rhyw lawar. Pan fydda i'n ista ar ben grisia'n gwrando arno fo a Mam yn siarad, mi fydd o'n cwyno amdani reit amal.

"Glyn druan," fydd Dad yn ddeud. "Mae o 'di gorfod mynd i nôl chips i swpar chwaral bob nos wsnos yma. Dwn i ddim be welodd o yn y sguthan 'na – dydi hi'n gneud dim ond ista ar ei thin yn darllan am ryw ffilm stars neu'n mwytho'r ci rhech 'na trwy'r dydd."

Dydi Dad ddim yn arfar siarad yn fudur, dim ond pan fydd o'n siarad am Anti Rosie.

Fel arfar, dwi'n meddwl fod Dad yn iawn am bob dim, ond fedra i ddim peidio licio Anti Rosie achos mae hi'n cymryd lot o sylw ohona i pan fydda i'n mynd i'w tŷ nhw. Weithia mi fydd hi'n brwsio 'ngwallt i a'i glymu fo mewn pob math o ffyrdd ar dop 'y mhen. Ac weithia mi fydd hi'n peintio 'ngwinadd i'n goch fath â gwaed ac yn rhoi lipstic 'run lliw ar 'y ngheg i. Dwi'n siŵr y basa Alwen Mai wrth ei bodd efo Anti Rosie ond dwi ddim yn meddwl eu bod nhw'n nabod ei gilydd.

"Wel, wir, rwyt ti'n ddigon o sioe," medda Anti Rosie ar ôl gorffan fy mheintio i un tro. "Mi faswn i'n taeru mai Jane Russell wyt ti."

Do'n i ddim yn gwybod pwy oedd y Jane Russell 'ma roedd Anti Rosie'n sôn amdani ond dyma hi'n dangos llun i mi o'r ddynas grand 'ma yn un o'i llyfra ffilm stars. Mae gan Anti Rosie lwyth o lyfra am ffilm stars ac ar ôl i mi ddeud nad o'n i ddim yn gwybod pwy oedd Jane Russell mi ddechreuodd hi ddangos nhw i gyd i mi.

"Dyma Marilyn Monroe," medda hi un tro, gan ddangos llun rhyw ddynas efo gwallt melyn a cheg sws. "Dwi wedi enwi Marilyn ni ar ei hôl hi. Yndô, siwgwr candi?" medda hi wedyn, gan estyn Marilyn y pwdl ar ei glin a rhoi mwytha mawr iddi hi. Ci bach rhyfadd ydi Marilyn. Dyna'r unig gi welis i rioed sy'n gwisgo côt sgotsh plod i fynd allan.

"Yli, dyma lun Cary Grant," medda Anti Rosie dro arall. "Tydi o'n bishyn, d'wad? Mae 'na rwbath yn debyg i Glyn amdano fo, dwi'n meddwl."

Nodio 'mhen 'nes i a smalio 'mod i'n cydweld achos doedd y dyn crand yn y llun ddim byd tebyg i Yncl Glyn yn ei ddillad gwaith.

"Dwi'n cofio pan welis i o am tro cynta yn y Palladium yn Dre. Ro'n i'n gwbod mai fo oedd yr un i mi."

Do'n i ddim yn siŵr os mai am Yncl Glyn 'ta Cary

Grant roedd hi'n sôn. Ond wedyn mi ddudodd wrtha i ei bod hi'n arfar gweithio yn y pictiwrs yn Dre ers talwm a bod Yncl Glyn wedi mynd yno i weld rhyw ffilm un noson. *"Love at first sight*, yli – fath ag yn y ffilms,"* medda Anti Rosie.

Dwi ddim yn dallt petha felly'n iawn, ond dwi'n siŵr fod Yncl Glyn yn meddwl y byd o Anti Rosie achos pan fydd o'n dod adra o Gwaith, mi fydd o'n ei chodi hi yn ei freichia a'i throi hi rownd a rownd, rhoi sws glec ar ei boch a deud mor falch ydi o i ddod adra ati hi. Dydi Dad byth yn gneud petha fel 'na efo Mam.

Yncl Glyn ydi un o'r chydig bobl yn 'Rhendra sy â moto car ac mi fydd o, Anti Rosie a Marilyn yn mynd am dro yn y car i bob man pan dydi o ddim yn gweithio.

Un tro, mi ges i fynd efo nhw am bicnic i lan môr Dinas Dinlla. Mi gawson ni filoedd o hwyl efo Yncl Glyn yn smalio mai fo oedd y bytlar efo cadach gwyn dros ei fraich ac yn rhoi darna o gacan siop a diod o lemonêd i Anti Rosie a fi.

"Gymrwch chi rwbath arall, *ladies*?" medda fo, gan fowio o'n blaena ni.

Roeddan ni'n tri yn rhowlio chwerthin erbyn y diwadd a Marilyn yn neidio i fyny ac i lawr yn trio dallt y gêm. Wyddoch chi be? Mi welis i rwbath yn debyg i Cary Grant yn Yncl Glyn y diwrnod hwnnw hefyd.

Un noson, tua blwyddyn yn ôl, daeth Yncl Glyn â'i wynt yn ei ddwrn i tŷ ni. Roedd ganddo fo bapur newydd yn ei law. Ar ôl agor y papur ar y bwrdd, dyma fo'n pwyntio at rwbath.

"Yli," medda fo wrth Dad, "dyma 'nghyfla i i gael telifision i Rosie."

Dim ond Mr a Mrs Morgan-Williams y Banc ac Anti Sera sydd efo telifision yn 'Rhendra i gyd.

"Mi gafodd Mr a Mrs Morgan-Williams un nhw er mwyn gweld coroni'r Frenhinas," medda Mam. "Roedd pawb o Capal ni'n cael mynd yno i weld y coroni'r diwrnod hwnnw. Welis i fawr ddim heblaw am ryw gysgod o lun trwy niwl ac eira ar y sgrin, ond roedd Miss Prydderch Siop wedi gwirioni'n lân."

Dwi ddim yn meddwl fod neb wedi cael mynd i dŷ Mr a Mrs Morgan-Williams i weld y telifision ar ôl hynny. Ond mae Anti Sera'n wahanol. Mae hi'n perthyn rhwbath i ni ac mi fydd hi'n gadael i Dad a fi weld *Lone Ranger* ar ei thelifision hi bob wythnos. Pan o'n i'n llai, mi fyddwn i'n mynd yno i weld *Sooty*. Ond doedd gan Dad fawr i ddeud wrth y dyn oedd efo Sooty.

"Dyn mawr fel 'na'n chwara efo tedi bêr! Mi fasa wythnos yn Chwaral yn gneud byd o les iddo fo!" medda fo.

Ond rŵan, roedd Yncl Glyn am gael telifision. Telifision yn Stryd Nesa! Mi fasa hynny'n beth ofnadwy o dda ac ro'n i'n gweld fy hun yn ista bob pnawn ar soffa Anti Rosie yn edrach ar bob dim.

Darllenodd Yncl Glyn y darn yn y papur newydd oedd yn deud fod 'na ryw siop petha lectrig yn Dre oedd am roi telifision newydd sbon i'r person cynta i fynd i mewn drwy ddrws y siop y bora Sadwrn wedyn.

"Mi fydd rhaid i mi fynd adra o Gwaith amsar cinio dydd Gwenar," medda fo, "er mwyn i mi gael bod yn barod i ista tu allan i'r siop drwy'r nos. 'Nei di gytuno â fi os bydd rhaid pan fydda i'n deud wrth y stiward 'mod i'n gorfod mynd i g'nebrwn?"

Chwerthin nath Dad a gofyn oedd Yncl Glyn wir yn mynd i aros allan ar y pafin o flaen y siop drwy'r nos.

"Yndw, siŵr. Mi fydda i wedi mynd â chada'r haul, plancad a fflasg o de i gadw fy hun yn hapus. Mi fydd o werth o, 'sti, achos dwi'n gwbod gymaint mae Rosie isio telifision. Mae hi wedi colli gymaint o betha wrth adal Dre a dod i fyw i fama ata i."

Ar ôl i Yncl Glyn fynd, ysgwyd ei ben nath Dad a deud nad oedd 'na ddim byd na fasa Glyn yn ei neud i Anti Rosie. "Dwi ddim yn ei ddallt o wir. Mi fasa fo'n gneud *rwbath* i'r sl... "

"Ia, well i ti fynd am y gwely 'na rŵan," torrodd Mam ar ei draws gan afael yn fy mraich i a mynd â fi i'r cefn bach i 'molchi cyn i Dad ddeud rwbath na ddylia fo o 'mlaen i.

Bora dydd Sadwrn, roedd bron pawb yn Stryd Ni a Stryd Nesa wrth eu drysa ffrynt yn aros i weld Yncl Glyn yn dŵad adra efo'r telifision.

O'r diwadd, dyma fo'n cyrra'dd a dyma fo allan o'r car gan ysgwyd ei ben yn drist.

"Ches i mohoni," medda fo. "Roedd 'na ryw foi o Dre yno o 'mlaen i ac er i mi gadw cwmpeini iddo fo trwy'r nos a gwrando ar ei hen straeon diflas o, fo gafodd y set."

"Be? 'Nes di aros allan o flaen y siop drwy'r nos er bod y boi 'ma o dy flaen di?" gofynnodd Dad.

"Ro'n i'n gobeithio y basa fo'n blino ac yn mynd adra," medda Yncl Glyn druan.

Chwerthin nath pawb ond Anti Rosie. A phan welodd Yncl Glyn y siom oedd ar ei gwynab hi, dyma fo'n deud wrthi am beidio poeni ac y basa fo'n prynu telifision iddi hi tro nesa basa fo'n cael cyflog.

Mi gadwodd Yncl Glyn ei air ac mi brynodd o delifision fawr, grand i Anti Rosie yn fuan wedyn. Roedd y ddau wrth eu bodda ac mi fydda Anti Rosie yn ista am oria yn edrach ar y signal yn yr wythnosa cynta ar ôl i'r telifision gyrraedd.

Mi fydda i'n cael mynd yna yn ystod dydd pan does 'na ddim ysgol i weld *Watch with Mother*. A dyna lle bydd Anti Rosie, Marilyn a fi'n chwerthin yn braf wrth wylio Bill a Ben y *Flowerpot Men*. Dydw i ddim yn malio llawar am *Andy Pandy* – dipyn o hen bansan ydi hwnnw.

Ers i'r telifision gyrraedd, dydi Anti Rosie ddim yn sôn cymaint am y ffilm stars ond mae'n sôn am ryw bobl sy ar y telifision fel ei bod hi'n eu nabod nhw'n iawn. Roedd Cliff Michelmore yn deud peth a'r peth neithiwr ar *Tonight* neu maen nhw'n deud fod Polly Elwes yn mynd i briodi Peter Dimmock.

"Gesia be ma Mam wedi'i brynu efo pres fisitors tro 'ma," medda Alwen Mai ar y ffordd i Rysgol un bora.

"Be?"

"Telifision!" medda hi a gwên fawr ar ei gwynab.

Mi driais i fod yn hapus drosti ond ro'n i'n teimlo'n genfigennus iawn, a deud y gwir. Ac mi aeth petha'n waeth yn fuan iawn wedyn pan gafodd Alison Burtram un yn ei thŷ hi hefyd. Mae'r ddwy cyn waethed ag Anti Rosie yn sôn am ryw *Blue Peter* a *Crackerjack* neu rwbath bob munud. Dwi'n teimlo reit allan ohoni.

Ew, mi faswn i'n licio cael telifision yn tŷ ni hefyd. Sgwn i fasa Iesu Grist yn gwrando arna i os baswn i'n gofyn iddo fo am un? Dwi'm gwaeth na thrio, ma'n siŵr.

12

RODNEY BACH TÝ PEN

"Rhof fy mhen i lawr i gysgu,
Fy enaid bach i'r Arglwydd Iesu.
Os byddaf farw cyn y bora,
Iesu, cymer fi'n dy freichia.
Amen."

Well i mi'i ddeud o eto i fod yn saff:

"Rhof fy mhen i lawr i gysgu… "

Dyna fi, ro'n i wedi deud fy mhadar ddwy waith. Roedd gen i fwy o jans i fod yn fyw yn bora, rŵan.

"Plîs, plîs, Iesu Grist, dwi ddim isio marw cyn y bora fath â Rodney Bach Tŷ Pen," medda fi wedyn i fod yn hollol saff.

Mam ddudodd wrtha i gynta, amsar brecwast, fod Rodney Bach 'di marw yn nos. Do'n i ddim yn nabod neb oedd wedi marw o'r blaen, heblaw am Nain Drws Nesa. Ond roedd hi'n naw deg a'i hamsar hi 'wedi dod', medda Mistar Jones Gweinidog. Mae'n siŵr bod Mistar Jones yn cael cyfarfod efo Iesu Grist yn Capal i wybod pryd mae hi'n amsar i bawb farw. 'Sgwn i oedd Iesu Grist wedi deud wrth Mistar Jones Gweinidog fod amsar Rodney Bach 'wedi dod'?

"Mae'n siŵr na nath o ddim deud ei badar cyn mynd i gysgu," medda David Wyn, gan stopio cicio pêl yn erbyn dôr iard gefn Siop Miss Prydderch. "Felly mae Yncl Wil Saer wedi'i roi o mewn arch efo caead arni ac maen nhw am ei roi o mewn twll yn y ddaear."

Fydd David Wyn, fel dach chi'n gwybod, ddim yn cymryd sylw ohona i fel arfar, yn enwedig os bydd rhai o'r hogia mawr erill efo fo. Ond y diwrnod hwnnw, roedd o ar ben ei hun a jyst â byrstio isio deud hanas Rodney Bach i gyd wrtha i.

"Basdad oedd o, yli – dyna pam nath o ddim byw."

Do'n i ddim yn gwybod be oedd hynny'n ei feddwl ond do'n i ddim am ddangos hynny i David Wyn, felly nodiais fy mhen a chroesi 'mysadd tu ôl i 'nghefn. Ro'n i'n gobeithio nad oedd y peth basdad 'ma'n hawdd i'w ddal achos ro'n i wedi bod yn chwara efo Rodney wythnos dwytha cyn iddo fo fynd yn sâl.

Deud gwir, er bod ei lais babïadd o'n mynd ar fy nerfa i weithia, o'n i'n eitha licio Rodney Bach, achos roedd o'n llai na fi. Fi oedd yn cael deud felly be oeddan ni am chwara bob tro. Roedd ganddo fo feic tair olwyn coch ac mi fyddwn i'n cael mynd arno fo o hyd. Er ei fod o braidd yn fach i mi, roedd o'n llawar gwell na'r hen sgwtar oedd gen i.

"Hwran ydi'i fam o, 'sti, a dydi hi byth yn mynd i Capal. Mae'n siŵr na nath hi ddim hyd yn oed dysgu Rodney Bach i ddeud ei badar cyn mynd i gysgu, felly fydd o'n mynd i Uffarn rŵan ar ei ben… "

Do'n i ddim yn dallt hannar be oedd David Wyn yn ei ddeud ond daeth llun i fy meddwl i o Rodney Bach ar gefn ei feic tair olwyn yn padlo fel coblyn ar ei ffordd i Uffarn.

"Ti'n meddwl ei fod o wedi mynd â'i feic efo fo?" gofynnais.

"Paid â bod yn sdiwpid, Beti Bwt! Mae o 'di marw, tydi – fedrith o ddim gneud dim byd! Dwyt ti ddim wedi gweld rhywun wedi marw o'r blaen neu rwbath?"

"Naddo. Wyt ti?"

"Wel, do siŵr, gannoedd o weitha ar ffilmia cowbois."

Ro'n i'n gwybod mai smalio marw oedd pobl mewn ffilmia cowbois achos roedd Dad wedi deud wrtha i ryw dro pan oeddan ni'n edrach ar y *Lone Ranger* yn nhŷ Anti Sera.

"Dydi... " Agorais fy ngheg i ddechra deud hyn wrth David Wyn ond yna dyma fi'n cau 'ngheg rhag ofn iddo fo 'mrifo fi a rhoi pinsiad ar fy mraich i fel mae o'n neud weithia pan fydda i'n tynnu'n groes iddo fo.

"Yli, be am i ni fynd i'w weld o?" medda fo'n sydyn.

"Gweld pwy?"

"Rodney Bach, 'de. Fedran ni ddeud ein bod ni wedi dod i ddeud ta-ta neu rwbath."

Do'n i ddim am adael i David Wyn wybod fod arna i ofn, felly dyma fi'n cytuno.

Cyn mynd i dŷ Rodney Bach dyma ni'n meddwl y basa'n well i ni gael bloda achos roedd David Wyn yn deud fod pobl yn rhoi bloda i bobl sy 'di marw. Pam, dwi ddim yn gwybod, gan na fedran nhw ddim eu gweld na'u s'nwyro nhw. Ond, dyna fo, ella y basa'n haws mynd i'r tŷ efo bloda yn ein llaw.

Felly dyma fi'n dechra hel bwnsiad reit dda o floda menyn a llygad y dydd o ochor clawdd.

"Neith rheina ddim o'r tro, siŵr – chwyn ydyn nhw," medda David Wyn. "Rhaid i ni gael bloda go iawn – rhosod neu rwbath."

Yr unig le y gallsan ni gael rhosod oedd yng ngar' Taid Ffon. Ond fasa fo byth yn fodlon eu rhoi nhw i ni achos mae o'n meddwl y byd o'i rosod ac yn eu gwarchod nhw fel babis er mwyn eu dangos nhw'n sioe floda'r 'Rhendra bob blwyddyn.

"Mae'n rhaid i ni gael bwnsiad o'i rosod o r'wsud," medda David Wyn. "Yli, dos di i'w ddrws ffrynt o i dynnu'i sylw fo tra bydda i'n dringo i'w 'rar' gefn o i dorri rhai o'r rhosod."

"Ond be 'na i ddeud wrtho fo pan ddaw o i drws?"

"Paid â bod yn fabi, Beti Bwt! Meddylia am rwbath, neu mi a' i i'r drws a gadael i ti fynd i ddwyn y rhosod os basa'n well gen ti!"

Doedd gen i ddim awydd dringo i 'rar' a dwyn y rhosod o gwbwl, felly doedd dim amdani ond mynd i gnocio drws Taid Ffon.

Mae Taid Ffon yn byw yn Stryd Nesa a ganddo fo mae 'rar' ora'n 'Rhendra, medda Dad.

Pan agorodd yr hen ddyn y drws, mi ges i syniad o rwla.

"Ydach chi isio rhoi pres i blant bach duon?"

"Ydi hi'n amser hel at y Genhadaeth eto'n barod, yr hen hogan?" medda fo. "Mi faswn i'n taeru 'mod i wedi rhoi arian i ti ryw dair wythnos yn ôl. Ond dyma chdi."

"Diolch, Taid Ffon," medda fi gan bocedu'r darn tair ceiniog ym mhocad fy mrat. "Ym ... Sut mae Nain Ffon? Ydi hi'n well?"

Roedd y cwestiwn yma wedi plesio'r hen ddyn ac mi ddechreuodd sôn am gricmala ei wraig ac fel roedd y tywydd tamp yn ei gneud hi'n waeth.

"Tydi'r holl law 'ma 'dan ni wedi'i gael ddim yn lles i'r rhosod chwaith... "

Pan ddechreuodd Taid Ffon siarad am ei rosod, ro'n i'n gallu teimlo 'mocha i'n cochi fel bitrwt. Felly dyma fi'n diolch iddo am y pres ac i ffwrdd â fi i ben draw Stryd i ddisgwyl am David Wyn.

Roedd o yno'n barod efo bwnsiad o rosod coch gora Taid Ffon yn ei law.

"Tyd, gei di gario rhein, achos dim ond genod a pansis sy'n cario bloda," medda fo, gan hwrjo'r rhosod i mi. Teimlais biga'r rhosod yn cripio croen fy nwylo ond meddyliais mai gwell fasa i mi beidio cwyno achos roedd David Wyn wedi cychwyn am dŷ Rodney Bach yn barod.

Daeth rhyw ddyn diarth efo mwstash bach i'r drws. Un o yncls Rodney Bach, mae'n siŵr. Ar ôl edrych arnan ni am funud, galwodd dros ei ysgwydd ar fam Rodney Bach.

"*Dorothy! Couple of kids here with a bunch of roses.*"

Clywais sŵn traed rhywun mewn sodla uchel yn dod at y drws. Mam Rodney Bach oedd yno. Gwthiodd o flaen yr yncl gan ddeud, "*I'll deal with this, Bob. They're Rodney's friends.*"

Trodd at David Wyn a finna gan drio gwenu, ond roedd llond ei llgada o ddagra a rheiny'n dechra rhowlio'n ddwy afon ddu i lawr ei bocha. Welais i rioed ddagra du o'r blaen ond ella mai dyna sy'n digwydd pan ydach chi'n byw efo rhywun sy 'di marw.

"Diolch i chi am alw. Ydach chi am ddod i mewn?"

Doeddwn i rioed wedi bod i mewn yn nhŷ Rodney Bach o'r blaen ac roedd hyn yn beth rhyfadd gan fod pawb arall yn y Stryd yn mynd a dŵad o dai ei gilydd. Ond rhyw gadw hyd braich fydd pawb o Tŷ Pen. Er na ddudodd neb ddim byd wrtha i rioed, mae gen i'r teimlad rhyfedd 'ma fod Mam Rodney Bach yn wahanol i ferchaid erill Stryd Ni. "*For shame*," fydd Nain Si-So'n ddeud bob tro y bydd hi'n pasio.

Aeth Mam Rodney â ni i mewn i'r parlwr lle roedd yr arch yn gorwadd ar draws dwy gadair. Er 'mod i wedi gweld llawar iawn o eirch yng ngweithdy Yncl Wil Saer, do'n i rioed wedi gweld arch mor fach â hon o'r blaen. Roedd David Wyn yn ddistaw am unwaith yn ei fywyd ac roedd o'n sefyll ar ganol llawr y parlwr gan syllu efo'i geg yn gorad ar yr arch. Do'n i ddim yn gwybod be i'w ddeud chwaith, felly daliais y rhosod i fyny a mwmian rhwbath am floda i Rodney Bach.

Cymrodd Mam Rodney y rhosod gan ddechra crio eto. "Diolch i chi," meddai trwy'i dagra du. "Mae'n golygu lot fawr i mi fod gan Rodney ffrindia mor dda. Mi a' i i roi rhain mewn dŵr. 'Rhoswch chi'n fama."

Safodd David Wyn a fi gan edrach ar ein gilydd bob yn ail â thaflu cip sydyn ar yr arch. Be oeddan ni wedi'i wneud? Sut oeddan ni'n mynd i ddod allan o hyn?

Cyn i ni gael amsar i feddwl mwy, daeth yr yncl nath atab y drws i mewn.

"Please excuse Dorothy," medda fo. *"She's rather upset and I've told her to go and lie down for a while. But since you kids are here, like, I'm sure you'd like to say your farewells to the little bugger."*

Chydig iawn o hyn wnes i ddallt a chyn i mi gael gofyn i David Wyn, roedd yr yncl wedi mynd at yr arch ac wedi codi'r caead. Yna, dyma fo'n gneud arwydd ar David Wyn a fi i ddod yn nes.

Es i 'mlaen ac edrach i mewn i'r arch, a dyna lle roedd Rodney Bach yn gorwadd efo'i lgada wedi cau a'i ddwylo wedi croesi ar draws ei frest. Roedd o'n gwisgo coban wen, laes at ei draed. Dillad rhyfadd i hogyn, meddyliais, mae o'n edrych fel un o'r angylion yn nrama Dolig Capal. Ella fod ei fam o wedi'i ddysgu o i ddeud ei badar a'i fod o'n cael mynd i'r Nefoedd wedi'r cwbwl.

Daeth sŵn rhywbeth trwm yn taro'r llawr tu ôl i mi. Trois rownd a gweld David Wyn yn fflat ar ei gefn ar lawr a'i wynab mor wyn ag un Rodney Bach. Meddyliais ei fod o wedi marw hefyd am funud. Oedd Iesu Grist wedi penderfynu fod ei amsar o 'wedi dod' hefyd am ei fod o wedi dwyn rhosod Taid Ffon? Ond na, diolch byth, dyma fo'n agor ei lygad.

"You all right, son?" gofynnodd yr yncl. *"I expect it's your first corpse. Take your time, like. I'll get you and your little friend a drink of lemonade."*

Cyn gyntad ag yr aeth y dyn allan o'r parlwr, cododd David Wyn yn sigledig ar ei draed. "O'ma! Rŵan!" medda fo gan wasgu 'mraich i a'm llusgo i ar ei ôl, ac allan â ni o'r tŷ nerth ein traed.

Ar ôl rhedag ar hyd y stryd yn ôl at tŷ ni, trodd David Wyn ata i gan ddeud, "Dim gair am hyn wrth neb, cofia. Ti'n gaddo?"

"Gaddo."

"Cris croes tân poeth?"

"Iawn."

"Duda fo!"

"Cris croes tân poeth, torri 'mhen a thorri 'nghoes," medda fi gan boeri ar fy mys a gwneud siâp croes ar fy ngwddw.

Edrychodd David Wyn arna i am funud cyn troi'i gefn a mynd adra.

Welis i ddim golwg ohono fo trwy'r dydd wedyn.

Ar ôl cinio mi ges i hyd i hen focs sgidia yn twll dan grisia a dyma fi'n rhoi Gwen Ddu, fy nol ora, yn y bocs. Yna, dyma fi'n gneud twll yn un o resi tatws Dad a chladdu'r bocs yno. Gosodais fwnsiad o floda menyn mewn pot jam a'u rhoi nhw ar y bedd a deud gras. Mi driais fy ngora i grio dagra du ond fedrwn i ddim. Fedrwn i ddim hyd yn oed grio dagra lliw dŵr. Weithia mi fydda i'n crio fel babi am y peth lleia ond heddiw fedrwn i ddim yng ngh'nebrwn Gwen Ddu.

Noson honno pan o'n i'n gorwadd yn t'wllwch yn trio cysgu, roedd arna i ofn.

Be taswn i'n marw cyn y bora er 'mod i wedi deud fy mhadar ddwy waith?

Ro'n i 'di bod yn hogan ddrwg... 'Nes i helpu David Wyn i ddwyn rhosod Taid Ffon a cymryd tair ceiniog gan smalio eu bod nhw i blant bach duon...

Yna, dyma fi'n cofio 'mod i wedi gadael Gwen Ddu yn y bocs sgidia o dan y pridd yn rhes datws Dad. Pam na faswn i 'di claddu un o 'nolia erill?

Gobeithio y bydd Gwen Ddu dal yna fory...

'Sgwn i be neith Mam Rodney efo'i feic tair olwyn o...?

Pan ddeffris i fora trannoeth, ro'n i mor falch 'mod i dal yn fyw.

"Diolch Iesu Grist am beidio mynd â fi'n dy freichia."

TÂN GWYLLT

Ym mhen draw Stryd Nesa mae Yncl Wil Saer ac Anti Ethel yn byw. Saer coed ydi Yncl Wil ac mae ganddo fo weithdy mawr yn 'rar' gefn lle bydd o'n gneud pob math o betha allan o goed. Mi fydda i'n licio mynd yna weithia i'w weld o'n gweithio achos dwi wrth fy modd efo'r ogla pren sy yn y gweithdy. Dydi Yncl Wil Saer byth yn rhy brysur i stopio gweithio a dangos i mi be fydd o'n ei wneud.

"Tyd ti yma unrhyw dro, 'mechan i," fydd o'n ddeud wrtha i. "Mae'n braf cael cwmpeini."

Mi fydda Yncl Wil yn arfar bod yn saer yn Gwaith Mawr yng nghanol y dynion erill ers talwm, medda Dad. Ond mae o'n gweithio ar ben ei hun rŵan.

Weithia, mi fydd o'n gwneud drysa neu fframia ffenestri i bobol 'Rhendra. Un tro, roedd o wedi gwneud cwpwrdd dal telifision efo drysa arno fo. Sypreis i Anti Rosie oedd hwnnw. Mae Yncl Glyn yn licio rhoi sypreisys i Anti Rosie o hyd.

"Dwn i ddim i be ma isio drysa arno fo chwaith," medda Dad ar ôl gweld y cwpwrdd. "Mi fyddan nhw'n gorad rownd rîl gan nad ydi'r ddynas 'na'n gneud dim ond edrach ar y bocs trwy'r dydd."

Ond er bod Yncl Wil yn gwneud pob math o betha yn y gweithdy, eirch i bobl sy 'di marw ydi'r petha gora mae o'n wneud. Mae ganddo fo ryw ddwy neu dair arch yn barod bob amsar, rhag ofn y bydd rhywun isio un ar frys, medda fo. Dwi ddim yn dallt hynny achos os ydach chi wedi marw, dydach chi ddim mewn llawar o frys, yn nac'dach?

Mae eirch Yncl Wil yn werth eu gweld. Mi fydd o'n rhwbio'r pren nes bydd o'n sgleinio fel swllt, ac wedyn mi fydd o'n gosod handlan aur bob ochor i'r arch a phlât aur ar y caead efo enw pwy bynnag sy 'di marw arno fo. Ond er mor grand ydi tu allan yr eirch, y tu mewn ydi'r gora achos mi fydd Anti Ethel yn gosod defnydd sidan neis ynddyn nhw. Sidan glas os mai i ddyn mae'r arch a phinc i ddynas, medda hi.

"Tydyn nhw'n grand, d'wad?" medda Yncl Wil un tro. "Mae'n biti eu claddu nhw yn y ddaear."

Ryw bnawn dydd Sadwrn yn nechra mis Tachwedd, ro'n i'n chwara efo fy sgwter ar y llwybyr sy'n mynd heibio cefna Stryd Ni a Stryd Nesa, pan alwodd Anti Ethel arna i.

"Beti! Tyd yma. Mae 'na rwbath i chdi yn y gweithdy."

Fedrwn i ddim meddwl be alla fod yno. "Hogan bach ydw i," medda fi wrtha fi fy hun. "Dydw i ddim isio arch eto." Yna, dyma fi'n cofio am Rodney Bach. Mae'n siŵr nad oedd o wedi meddwl y basa fo angen arch mor fuan chwaith. Gobeithio nad oedd Iesu Grist a Mistar Jones Gweinidog wedi penderfynu fod fy amsar i 'wedi dod'...

Erbyn i mi gyrraedd Anti Ethel, ro'n i'n teimlo braidd yn sâl. Oedd hi'n gwybod rwbath nad o'n i'n ei wybod eto?

"Tyd i mewn," medda hi. "Mae 'na rywun isio dy weld di yn y gweithdy."

A dyna lle roedd o yn hannar gorwadd a hanner ista'n llipa yn erbyn rhyw focsys yng nghanol y llawr. Am funud, mi 'nes i feddwl mai Yncl Wil Saer oedd o, achos roedd o'n gwisgo ei ddillad o – hen ofarôls, cap pig a phâr o si-bŵts tyllog am ei draed.

Do'n i ddim yn siŵr iawn beth i wneud ohono fo. Roedd rhan ohona i ei ofn o, ond roedd rhan arall ohona i'n methu peidio syllu arno fo hefyd.

"Wel, be ti'n feddwl ohono fo?" medda Anti Ethel a gwên fawr ar ei gwynab. "Gai Ffôcs i ti ydi o. Fi nath o allan o hen ddillad Wil."

Doeddwn i rioed wedi gweld Gai Ffôcs mor dda nac mor fawr â hwn o'r blaen. Roedd o gymaint â Dad!

Ar ôl i mi ddod dros y sioc, mi gofiais ddiolch i Anti Ethel ac yna mi roddodd hi fenthyg berfa Yncl Wil i mi. Ar ôl gosod y Gai yn y ferfa, dyma fi'n trio'i bowlio fo ar hyd llwybyr cefn yn ôl am tŷ ni. Ond roedd hi'n goblyn o job gan fod y ferfa a'r Gai yn fwy na fi.

"Be s'gen ti'n fanna, Beti Bwt?" David Wyn ac Alwyn Roberts oedd 'na.

"Gai Ffôcs, 'te," medda fi gan drio swnio'n ddidaro achos ddim bob dydd fydd David Wyn yn cymryd sylw ohona i, yn enwedig os oes 'na rywun arall efo fo.

"Lle cest ti o?" medda fo.

Ar ôl i mi ddeud wrtho fo, dyma fo'n deud, "Pam oedd *Eth the Death* isio rhoi Gai Ffôcs i rhyw hen hogan bach wirion fath â chdi?"

"Am nad ydw i'n galw enwa cas arni hi, mae'n siŵr," medda fi. Wps! Ddylwn i ddim fod wedi deud hynna – mi fydd David Wyn siŵr o 'mhinsio i rŵan, meddyliais.

Ond am unwaith, wnaeth o ddim.

"'Nei di'i werthu o i mi? Mi ro' i ddau bacad o jiwing gym i ti."

Gwrthod 'nes i er iddo gynnig bar o jocled, pacad o sbarclars a'r jiwing gym i mi.

Yna, dyma fi'n cael syniad.

"Gei di'i fenthyg o," medda fi, "os ca' i ddŵad efo chdi ac Alwyn Roberts i hel pres o gwmpas 'Rhendra."

Doedd David Wyn ddim yn rhy hapus efo'r syniad, ond gan ei fod o isio pres i brynu tân gwyllt, doedd ganddo fo fawr o ddewis.

"Iawn 'ta – ond i chdi neud be dwi'n ddeud," medda fo.

"Be ti'n feddwl?"

"Os 'dan ni'n gweld rhai o'r hogia yn 'Rhendra, ti fod i smalio nad wyt ti efo ni."

"Pam bod rhaid i mi? Fi pia'r Gai."

"Achos 'mod i'n deud!" medda fo, gan roi pinsiad hegar i mi.

"Reit 'ta, chei di mo'i fenthyg o," medda fi, gan ailgychwyn powlio'r ferfa at cefn tŷ ni.

"Paid â bod yn ddig'wilydd efo David Wyn. Cofia'i fod o'n lot mwy na chdi, Beti Bach!" galwodd Alwyn Roberts ar fy ôl i.

Cyn i mi gael ateb yr hen snichyn, dyma David Wyn yn troi ato fo'n gas a deud,

"Cau di dy geg, Alwyn Roberts, a paid â bysnesu. Ma Bet a fi'n dallt ein gilydd!"

Wedi iddo fo ddeud hynna mi faswn i wedi rhoi'r Gai i David Wyn am byth os basa fo wedi gofyn. Ond nath o ddim. Felly dyma fi'n gaddo na faswn i ddim yn codi c'wilydd arno fo o flaen yr hogia erill.

Mi gawson ni lot o hwyl yn powlio'r hen Gai o gwmpas yn y ferfa gan weiddi "Peni ffor ddy Gai!" dros y lle, fath â bydd Joni Huws yn neud pan fydd o'n gwerthu mecryll yn 'rha. "Mecryll! *Mackerels!*" fydd Joni'n ei weiddi wrth bowlio llond trol o bysgod o gwmpas 'Rhendra.

Aeth bob dim yn iawn tan i ni weld Mrs D. P. Thomas yn dŵad i'n cwfwr ni.

"Be dach chi'n feddwl dach chi'n neud, blant drwg?" medda hi'n gas. "Plant yr Ysgol Sul yn powlio eilun o gwmpas y lle 'ma! *'Na wna i ti gerflun gerf...* '"

"Dach chi isio rhoi 'Peni ffor ddy Gai', Mrs Thomas?" torrodd David Wyn ar ei thraws.

Fedrwn i ddim aros i glywad mwy. Felly dyma fi'n cerddad ymlaen gan smalio nad o'n i efo'r hogia a gobeithio bod Mrs D. P. wedi dallt nad oedd y Gai yn ddim byd i neud efo fi.

"Ti'n hen fabi weithia, Beti Bwt," medda David Wyn ar ôl dal i fyny efo fi.

"Ma hi'n ddigon hawdd i ti ddeud hynna. Fi fydd yn gorfod gwrando arni'n mynd drwy'i phetha yn 'Rysgol Sul fory."

Erbyn amsar te, roeddan ni wedi cael bron i bedwar swllt a dyma ni'n mynd i Siop Miss Prydderch i brynu tân gwyllt. Cathrin Wîl a phacad o sbarclars brynis i. Mi gafodd Alwyn Roberts roced fawr – fath â Sputnik, medda fo.

"Be 'di Sputnik?" medda fi.

"Dwyt ti ddim 'di clywad am y Rysians yn…?"

"Ffaiarwyrcs pansis ydi petha fel 'na," medda David Wyn ar ei draws o cyn prynu llond lle o fangars a jymping jacs iddo fo'i hun.

Mae'n gas gen i fangars achos maen nhw'n gneud gymaint o sŵn ac mae jymping jacs yn waeth byth achos maen nhw'n bangio'n uchel ac yn eich dilyn chi i bob man. Ond wnes i ddim cymryd arnaf rhag ofn i David Wyn danio un wrth fy ymyl i.

Erbyn i noson Tân Gwyllt gyrraedd, ro'n i wedi dŵad yn reit hoff o'r hen Gai oedd gynnon ni. Hwn oedd y babi dol mwya ro'n i rioed wedi'i weld, a phan fydda neb o gwmpas, mi fyddwn i'n cael sgwrs iawn efo fo.

"Pam bod pobol yn llosgi Gai Ffocs, Dad?"

"Wel, am i'r cr'adur gael ei ddal yn trio chwythu'r Senadd yn dipia tua Llundan 'na," medda Dad. "Mi fydda i'n meddwl weithia ei bod hi'n biti mawr na nath o'm gneud job iawn ohoni."

Do'n i ddim yn dallt be oedd Dad yn fwydro. Sut galla'r hen Gai fod wedi mynd i Lundan? Roedd o wedi bod yn ista ym merfa Yncl Wil Saer yn cwt golchi ers i David Wyn, Alwyn Roberts a fi ei roi o yno.

I Cae Bach ym mhen draw 'Rhendra byddwn ni'n

mynd ar Noson Tân Gwyllt. Mi fydd pawb wedi bod yn brysur yn hel salfij ac yn cario pob math o hen betha i'w rhoi ar y goelcerth i'w llosgi.

Y flwyddyn yma, roedd 'na well coelcerth nag erioed, gan fod rhywun wedi cael toman o hen deiars o garej Moto Coch. Rhwng rheiny a'r holl friga a bocsys, roedd y goelcerth yn anferth.

Yna, daeth yn amsar i fynd â Gai i Cae Bach.

Mi driais i feddwl am esgus ond doedd dim yn tycio. Roedd hyd yn oed Dad yn edrach ymlaen at weld Gai yn llosgi.

"Mi fydd o'n ddigon o sioe ar ben y goelcerth 'na," medda fo.

"Cerwch â fo, wir," medda Mam. "Mae o'n codi'r cryd arna i pan fydda i'n mynd i cwt golchi."

Ar hynny, dyma David Wyn yn cyrraedd a chynnig powlio'r ferfa i Cae Bach.

Dwi ddim isio cofio llawar am be ddigwyddodd wedyn. Mae'n gas gen i feddwl am y peth. Fanno roedd pawb yn chwerthin ac yn mwynhau eu hunain tra oedd Gai yn llosgi ar ben y goelcerth. Mi driais i beidio crio ond methu 'nes i ac mi fuo'n rhaid i Dad fynd â fi adra'n gynnar cyn i mi danio 'run o fy sbarclars.

Roedd 'na hoel llosgi du yng nghanol Cae Bach am hir iawn wedyn, a bob tro ro'n i'n pasio, ro'n i'n cofio am yr hen Gai druan yng nghanol y tân.

Mae'n gas gen i ddiwrnod Tân Gwyllt!

14

PARATOI AT DOLIG

"**F**i pia hwnna!" medda Alwen Mai, gan neidio i mewn i ganol patrwm o liwia'r enfys ar ganol y lôn.

"Un, dau, tri. Fy nymuniad bach i... ydi cael pram newydd, tŷ dol, camra, *roller skates...* "

Ac mi fuo hi wrthi wedyn yn rhestru llwyth o betha roedd hi isio gan Santa Clôs. Mae'n siŵr y ceith hi'r rhan fwya ohonyn nhw hefyd. Ma'n rhaid fod Santa yn ei licio hi'n fwy na mae o'n licio fi achos mae hi'n cael lot mwy o betha ganddo fo bob Dolig.

"Reit, ti 'di gofyn am hen ddigon o betha bellach!" torrais ar ei thraws braidd yn flin. "Fy nhro i rŵan," medda fi, gan gamu i mewn i gylch arall oedd ar y lôn.

"Un, dau, tri. Fy nymuniad bach i... ydi cael beic tair olwyn," medda fi'n uchel. Yna, dyma fi'n croesi 'mysadd a cau fy llgada'n dynn a dechra deud yn fy meddwl be o'n i wir isio go iawn. Ond mae'n siŵr na faswn i byth yn ei gael o.

Plîs, plîs, Santa, os dwi'n gaddo bod yn ofnadwy o dda, ti'n meddwl basat ti'n gallu dŵad â tel...

"Tyd 'laen!" gwaeddodd Alwen Mai. "Mae 'na fwy o batryma yn fancw."

Mi fyddwn ni'n chwara'r gêm yma o gamu i mewn i liwia'r enfys ar y lôn pan fyddwn ni'n cerddad adra o 'Rysgol ar ôl iddi fod yn bwrw glaw. Rydan ni'n dwy yn dotio at y lliwia sy'n toddi i mewn i'w gilydd yn y pylla dŵr ac mi fyddwn ni wrth ein bodda yn dymuno petha wrth sefyll ar y patryma. Er nad ydw i'n coelio gymaint mewn petha fel 'na ers i ni fethu cael babi, mae hi'n dal yn hwyl eu gwneud nhw. A chydig ddyddia cyn Dolig doedd 'na ddim drwg mewn gobeithio, nag oedd?

"Be ti'n feddwl ydyn nhw, 'ta?" gofynnodd Alwen Mai.

"Darna bach o'r enfys wedi disgyn i'r ddaear ar ôl y glaw, dwi'n meddwl," medda fi.

"Dwi'n meddwl mai gweision Santa Clôs sy'n eu gadael nhw i ddangos eu bod nhw wedi bod o gwmpas."

Ella bod Alwen Mai'n iawn, achos roedd Miss Jenkins yn deud bod gweision Siôn Corn yn cadw llygad barcud arnan ni, i wneud yn siŵr ein bod ni'n byhafio cyn Dolig. Siôn Corn ydan ni'n galw Santa yn 'Rysgol ond yr un un ydi o, medda Dad.

"Gweision Santa Clôs! Dydach chi ddim hannar call!" Roedd David Wyn wedi bod yn cerddad tu ôl i ni ac roedd o wedi clywad ein sgwrs ni am y patryma. "Ew, dach chi'n genod gwirion," medda fo. "Patryma gweision Santa, wir! Oel yn gollwng o injan car Derek Francis ydi o, siŵr!"

Byth ers iddo fo fy helpu i ar ôl i Dinah Smith daflu bag negas a llyfr Stôr Mam i 'rafon, mae Derek Francis wedi bod yn arwr gen i. "Mi setla i Dinah Smith," medda fo 'radag honno. Dwi ddim yn gwybod yn iawn be nath o, ond ches i rioed draffath efo hi wedyn.

A rŵan, dyma David Wyn yn deud mai car Derek Francis oedd wedi gwneud y patryma del 'ma ar y lôn. Coblyn o gar ydi o hefyd. Llond lôn o gar. A deud y gwir, does 'na neb yn 'Rhendra wedi gweld dim byd tebyg iddo fo o'r blaen. Mae 'na dipyn o ddynion, fel Yncl Wil Saer, efo fania yn 'Rhendra erbyn hyn, ond does 'na ddim llawar efo ceir, heblaw am Mr Morgan-Williams y Banc, Mistar Jones Gweinidog ac Yncl Glyn. A ceir bach sgwâr, du sy gen rheiny i gyd. Ond mae car Derek Francis yn las fel yr awyr ac mae ganddo fo fympars mawr arian a seti patrwm teigar tu mewn. Mae ganddo fo weirles yn y car hefyd ac mi fydd 'na fiwsig roc a rôl uchal i'w glywad pan fydd o'n dreifio heibio.

"Sut ar y ddaear mae o wedi gallu fforddio hwnna?" oedd y rhan fwya o bobl 'Rhendra'n ei ofyn pan welson nhw fo gynta.

"For shame!" ddudodd Nain Si-So wrth gwrs, pan welodd hi o'n mynd heibio a 'Rock Around the Clock' yn bloeddio trwy'r ffenestri.

"Pechod!" medda Mrs D. P. Thomas.

Yr unig un i ddeud rhwbath da am y car oedd Anti Rosie. "Mae o'n union fel y ceir sy yn ffilmia Hollywood. Biti na fasan ni'n gallu cael un fel 'na, yntê Glyn?"

Wrth gwrs, ro'n i'n gwybod yn iawn sut y cafodd Derek Francis y car. Iesu Grist oedd wedi'i roi o iddo fo er mwyn iddo fo gael mynd o gwmpas yn helpu mwy o bobol – fath â nath o i mi. Rydw i'n gwybod mai angal ydi Derek Francis, ond dydw i ddim am ddeud wrth neb. Felly, does dim rhyfadd fod y car yn gadael patryma enfys del fel hyn ar y lôn. Roedd Alwen Mai yn reit agos ati pan ddudodd hi mai patryma gweision Santa oedden nhw. Gweision Santa, angal, be 'di'r gwahaniaeth, 'te?

Roedd angylion wedi bod dipyn ar fy meddwl i ar y pryd achos roedd hi'n amsar ymarfer drama Dolig Ysgol Sul. Roedd 'na gyfarfod wedi bod yn Festri ar ddiwadd Ysgol Sul tro cynt i drafod y peth.

"Beth am *performance* arall o'r ddrama *lovely* 'na gafodd ei gwneud o gwmpas y llun sydd ar wal Festri 'ma o Iesu Grist *and the children of the world?*" cynigiodd Miss Prydderch Siop.

"Da iawn 'rŵan, Miss P.," medda fi wrtha fi fy hun. Ond dyma Anti Edith yn taflu dŵr oer ar ben y syniad yn syth.

"Llawar gormod o waith. Mi fasa angen llwyth o ddillada ac mi fasa'n rhaid dysgu caneuon newydd. Dwi'n cynnig ein bod ni'n sticio efo drama'r Geni."

Doedd fiw i neb fynd yn groes i Anti Edith gan mai hi sy'n ein dysgu ni i ganu ym mhob drama Dolig. Felly, drama'r Geni amdani.

Eleri Haf, hogan Mistar Jones Gweinidog, gafodd ei dewis i fod yn Mair eto eleni. Gareth Wyn, brawd David Wyn, oedd Joseff. "Dewis da," medda David Wyn dros y Festri, "achos mae Gareth Wyn yn ffansïo Eleri Haf ers oes pys." Aeth pawb yn ddistaw ar ôl clywad hyn ac roedd gwynabau Eleri Haf a Gareth Wyn fath â tomatos.

"Mi ladda i di ar ôl mynd adra!" medda Gareth Wyn dan ei wynt.

"Rŵan, rŵan, dydi hynna ddim yn ffordd i Joseff fyhafio!" medda David Wyn gan chwerthin. Ond mi fuo'n rhaid iddo fo gau ei geg yn reit handi, gan i Mrs D. P. Thomas roi coblyn o row i'r ddau am beidio dangos parch ar y Sul.

Rhan gŵr y llety gafodd David Wyn ac roedd o wrth ei fodd ei fod o wedi cael darn siarad tro 'ma yn lle bod yn fugail eto. Ond mi newidiodd ei feddwl pan gafodd Nerys Lloyd ei dewis i fod yn wraig iddo fo. Ei dro fo i gochi fel tomato oedd hi wedyn, yn enwedig pan ddechreuodd Gareth Wyn dynnu'i goes o.

Roedd Nerys Lloyd wedi gwirioni'n lân achos roedd hi wedi bod yn trio cael David Wyn i gymryd sylw ohoni ers misoedd wrth roi *Love Hearts* efo geiria sopi arnyn nhw iddo fo. Mi fydda hi'n fy holi i ar iard 'Rysgol hefyd er mwyn cael gwybod mwy amdano fo. Ond do'n i byth yn deud fawr ddim wrthi.

Angylion a bugeiliaid oeddan ni'r plant lleia eto eleni. Yr hogia'n gwisgo'u pyjamas a thyweli streips am eu penna. Cobenni gwyn fath ag oedd gan Rodney Bach pan oedd o yn ei arch oeddan ni'r genod yn eu gwisgo. Ro'n i isio chwerthin wrth feddwl y sioc fasa pawb yn Capal yn ei chael os baswn i'n gwisgo dillad Tedi Boi fath â Derek Francis yn y ddrama.

Mae'r amsar cyn y Dolig yn un prysur iawn yn Capal, rhwng y ddrama a parti'r Band o' Hope.

Ar nos Ferchar y byddwn ni'n mynd i'r Band o' Hope. I ddechra, mi fyddwn ni'n gorfod deud y peth 'ma efo geiria mawr sydd wedi cael ei sgwennu ar fwrdd du ar wal Festri. Tydan ni'm yn dallt 'run gair ohono fo, ond mae'n rhaid i ni ei ddeud o'n ddigon da i blesio Mrs D. P. Thomas cyn y cawn ni ddechra gneud petha erill sy'n llawar mwy o hwyl. "Yr Ymrwymiad" mae hi'n ei alw fo ac mae o'n mynd rhwbath fel hyn:

"Rwyf yn addo, drwy gymorth dwyfol, gadw rhag pob math o ddiodydd meddwol, arfer iaith bur, ac ymdrechu i fod yn onest, glân a charedig, a gwneud yr hyn sydd yn fy ngallu er hyrwyddo sobrwydd, purdeb a phob daioni."

"Ti'n gwbod pam fod Mrs D. P. yn ei alw fo'n Ymrwymiad?" gofynnodd David Wyn ar ffordd adra o Band o' Hope un tro. "Achos mae hi'n ei ddeud o pan fydd hi'n ista ar y pan ac wedi rhwymo. Ti'n dallt? Ym-rhwym-iad?"

Er nad o'n i'n dallt llawar o jôcs David Wyn, ro'n i'n dallt digon i wybod ei fod o wedi mynd yn rhy bell ac wedi deud rwbath reit ddrwg am Yr Ymrwymiad y tro hwnnw.

Ar ôl i ni ddeud Yr Ymrwymiad yn iawn, mi fyddwn ni'n cael gneud pob math o betha fel *Spelling B*, trio darllan darn heb ei atalnodi a dysgu canu sol-ffa efo'r modiwlêtyr. Weithia, mi fydd Donald Francis, tad Derek Francis, yn dŵad â'i fajic lantar i ddangos hen ffilmia Charlie Chaplin i ni.

"Roedd o'n dangos yr un ffilmia pan oeddan ni'n blant," medda Dad, "a faswn i'n synnu dim na welodd fy nhad nhw hefyd, pan oedd o'n hogyn bach!"

Ond, does dim ots eu bod nhw'n hen; rydan ni'n cael hwyl iawn wrth edrach arnyn nhw. Rhyfadd oedd pobl ers talwm; roeddan nhw'n symud ar goblyn o sbîd a doeddan nhw'n deud 'run gair.

Ar y nos Ferchar cyn Dolig y byddwn ni'n cael parti'r Band o' Hope bob blwyddyn. Mi fydd y Festri wedi'i haddurno efo cadwyni papur bob lliw fydd yn hongian uwchben llunia'r hen bregethwrs. O flaen y pulpud bach, mi fydd 'na goeden Dolig anfarth ac mi fydd 'na dinsel wedi'i osod o gwmpas y bwrdd du lle mae Yr Ymrwymiad wedi'i sgwennu. Mi fydd merchaid Capal yn gneud pob math o frechdana, cacenna a jelis i ni. Treiffl fydd Mam yn ei wneud bob blwyddyn, efo cant a mil o betha bach bob lliw ar ei ben. Mae pawb yn deud fod Mam yn un dda am dreiffl.

Yn stafall bach tu ôl i Festri, mi fydd Mrs D. P. Thomas fel hen ddraig yng nghanol yr agar yn edrach ar ôl y boilar ac yn cwyno am bawb ac yn edrach yn ddu os byddwn ni'n cael gormod o hwyl. Wedyn, mi fydd hi'n llenwi'r tebot anfarth 'ma efo dŵr berwedig cyn tywallt y te cryfa welsoch chi rioed i gwpana efo enw Capal Ni arnyn nhw. Dwn i ddim pam mae hi'n trafferthu, a deud y gwir, achos mae'n well gan bawb ddiod o sgwash mewn parti.

Wedi i ni gyd orffan byta a chlirio'r byrdda, mi fydd y gola'n cael ei ddiffod yn y Festri, ar wahân i un lamp fach wrth yr organ. Yna, mi fydd Anti Edith yn dechra chwara:

"Pwy sy'n dŵad dros y bryn
Yn ddistaw, ddistaw bach?
A'i farf yn llaes a'i wa... "

"Mae o 'di cyrra'dd!"

Mi fydd pawb yn stopio canu ac mi fydd y lle mor ddistaw â'r bedd am ein bod ni i gyd yn gwrando am sŵn traed yn dŵad at ddrws y Festri.

Dwi ddim yn meddwl mai Santa Clôs go iawn sy'n dŵad i parti'r Band o' Hope. Dwi wedi gweld y Santa go iawn pan es i siop *Bon Marche* yn Dre efo Mam a Dad. Roedd o'n dew ac efo gwynab crwn a bocha coch fel afal ac roedd ganddo fo locsyn mawr gwyn a hwnnw'n cyrlio fel gwallt. Ond mae Santa'r Band o' Hope yn dena ac mae o'n gwisgo'i hwd coch dros ei wynab fel nad oes posib gweld dim ohono fo heblaw am ei locsyn. Ac mae hwnnw'n fflat fath â'r wadin fydd Miss Jenkins yn ei socian mewn *Dettol* a'i roi ar ein penglinia ni pan fyddwn ni wedi disgyn ar iard 'Rysgol.

Ella mai un o'r gweision sy'n dŵad i barti'r Band o' Hope, achos mae'n siŵr fod yr hen Santa'n brysur iawn yn trio'i dal hi ym mhob man. Dim ots, achos rydan ni'r plant i gyd yn cael parsal bach ganddo fo ac mi fydd o'n gofyn i ni be ydan ni isio yn bresant Dolig. Mi ddudis i tro 'ma 'mod i'n gobeithio cael beic tair olwyn achos doeddwn i ddim isio i neb arall wybod be o'n i isio go iawn. Yna, dyma fo'n deud ella y baswn i'n cael sypreis. Rhyfadd hefyd, roedd ei lais o mor debyg i lais rhywun o'n i'n nabod, ond fedrwn i ddim yn fy myw feddwl pwy.

Roedd yr amsar cyn Dolig yn wahanol yn 'Rysgol hefyd. Roeddan ni wedi addurno'r dosbarth efo cadwyni papur bob lliw ac roedd 'na lun mawr, mawr o Mair a Joseff a'r Baban Iesu yn y Stabal ar y wal wrth ymyl llun O! Em.

Fuo dim rhaid i ni wneud cymaint o waith sgwennu na darllan. A chawson ni ddim gwers symia am tua wythnos, diolch byth! Ond mi fuon ni'n canu carola a gwneud gwaith llaw fel cardia Nadolig a chalendra. Roedd Alwen Mai ac Alison Burtram wedi rhoi llunia oddi ar hen gardia Dolig ar eu calendra nhw, ond ro'n i'n meddwl fod hynny'n wirion braidd achos mae calendr i fod para am flwyddyn gyfa, medda Miss Jenkins, ac mi fydd llun eira'n wirion yn yr ha. Llun o gathod 'nes i ddewis i'w roi ar fy ngalendr i. Llun oddi ar y cardyn pen-blwydd gafodd Mam gan Ger a fi tro dwytha oedd o.

Roedd Miss Jenkins wedi deud ein bod ni i fod i feddwl am bobol sy'n unig dros y Nadolig. Felly dyma fi'n penderfynu rhoi'r calendr yn bresant i Nain a Taid Si-So achos mae Dad yn deud eu bod nhw'n bobl unig iawn. Ro'n i wedi bod yn teimlo braidd yn annifyr am nad o'n i'n mynd i'w gweld nhw'n aml erbyn hyn. Felly, diwrnod cynta'r gwylia, dyma fi'n lapio'r calendr mewn papur Dolig a mynd â fo iddyn nhw.

"Wel, dyma ddynas ddiarth," medda Taid Si-So ar ôl ateb y drws. "Be fedra i neud i ti felly?"

Ar ôl i mi ddeud 'mod i wedi dŵad â phresant Dolig iddo fo a Nain Si-So, dyma fo'n deud wrtha i ddŵad i mewn.

Roedd Nain Si-So'n ista ar ei chadair siglo wrth y

lle tân ac roedd hi wrthi'n siglo ac yn canu'r hen gân wirion 'na am Jac-y-do. Yn sydyn, dyma fi'n cofio'r amsar arall hwnnw pan oedd Nain Si-So'n crio ac yn yfed ei ffisig. Ro'n i isio rhedag adra.

"Mae Nain yn hapus iawn dyddia yma," torrodd Taid Si-So ar draws fy meddylia, "achos mae hi wedi cael hogan bach arall i edrach ar ei hôl."

A dyna pryd 'nes i weld fod Nain Si-So'n gafael yn dynn mewn babi bach oedd wedi'i lapio mewn siôl. Elen Wyn!

"Rydan ni'n gwarchod Elen Wyn am ryw chydig oria bob diwrnod er mwyn i Sali drws nesa gael amser i neud gwaith tŷ. Mae ganddi fwy na digon ar ei phlât efo'r holl hogia 'na i'w bwydo."

Do'n i ddim yn gwybod be i ddeud. Ro'n i'n cael rhyw deimlad fath â 'mod i isio taflu i fyny. Be oedd ar ben Anti Sali yn gadael Elen Wyn efo nhw? Ond, wrth gwrs, doedd hi ddim yn gwybod dim byd am y gêm. Dim ond fi oedd yn gwybod am hynny.

Ar ôl gwneud rhyw esgus, mi es i adra'n syth a phenderfynu nad o'n i ddim am feddwl mwy am y peth. Wedi'r cwbwl, roedd hi bron yn Ddolig!

15

DIWRNOD DOLIG

Fel arfar, mi fyddwn ni'n mynd i fyw i'r parlwr dros Dolig ac mi fydd Mam wedi addurno'r lle ac mi fydd Dad wedi cael coedan a'i gosod hi wrth ymyl y ffenast fel bod pawb fydd yn mynd heibio i Siop Miss Prydderch drws nesa yn ei gweld hi.

Chydig wythnosa cyn Dolig, mi fydd Miss Prydderch yn addurno'i ffenast siop efo gola bach bob lliw. Mi fydd hi'n torri wadin yn ddarna mân ac yna'n eu gosod nhw ar hyd y gwydyr i neud iddyn nhw edrach fel eira. Wedyn, mi fydd hi'n gosod llond y ffenast o degana, dolia crand mewn bocsys, trên bach, gema a jig-sôs o bob math a chant a mil o betha erill. Mi fydd plant y 'Rhendra i gyd yn dŵad i edrach yn ffenast siop. Ew, mi fydda i'n meddwl 'mod i'n lwcus yn cael byw drws nesa i'r ffenast yna – mae o bron fath â chael byw yng ngwlad Santa Clôs ei hun.

Ond doedd Mam ddim wedi addurno'r parlwr flwyddyn yma a doedd Dad ddim wedi cael coedan i ni. Bob tro ro'n i'n trio holi, roeddan nhw'n troi'r stori ac yn rhoi rhyw esgus eu bod nhw isio peintio'r parlwr. Bora cyn Dolig roedd Mam wedi cloi drws y parlwr, rhag ofn i mi droi'r tunia paent, medda hi. Pam roedd isio peintio'r parlwr diwrnod cyn Dolig o bob amsar?

Daeth Dad adra o Gwaith amsar cinio am ei bod hi'n ddiwrnod cyn Dolig ac wedyn mi fuo fo ac Yncl Glyn wrthi efo ystol yn gwneud rwbath ar ben to. Pan 'nes i ofyn be oeddan nhw'n neud, dyma Dad yn deud wrtha i fynd i mewn i'r tŷ achos ei bod hi'n rhy oer i mi fod allan. Roedd o'n deud gwir; roedd hi'n ofnadwy o oer ond nath o ddim atab fy nghwestiwn i. Rhyfadd hefyd na fasa Dad yn deud wrtha i be roedd o ac Yncl Glyn yn neud ar ben to a hitha mor oer.

"Be mae Dad ac Yncl Glyn yn neud ar ben to?"

"Dos o dan draed – dwi'n brysur," medda Mam.

"Be mae Dad ac Yncl Glyn yn neud ar ben to?"

"Gneud simdda'n saff i Santa." Mae Ger bob amsar yn barod i atab pan fydda i'n gofyn rhwbath iddo fo. Mi fuo'r ddau ohonon ni'n ista yn gegin wedyn yn siarad am Santa Clôs a be oeddan ni am gael ganddo fo.

Ro'n i'n methu cysgu'r noson honno. Roedd fy nhraed i'n rhewi. Daeth Mam â photal dŵr poeth i mi a dyma Dad yn rhoi ei gôt fawr dros ddillad y gwely, ond ro'n i'n dal yn oer. Ro'n i'n poeni hefyd. Be os baswn i'n dal yn effro pan fydda Santa'n cyrraedd? Ella basa fo'n gadael heb roi dim byd i mi... Roedd yn rhaid i mi drio cysgu.

Ella basa'n well i mi fynd i gwely Mam a Dad, meddyliais. Mi fasa hi'n braf cael swatio yn fanno. Ond wedyn, ella basa Santa'n dŵad i'r llofft gefn a gweld y gwely'n wag a meddwl nad o'n i'n byw yn tŷ ni ddim mwy...

"Ger! Ger! Deffra! Dwi'n meddwl fod Santa wedi bod!" Neidiais ar wely Ger a dechra'i ysgwyd o er mwyn iddo fo ddeffro.

"Ym... Be? Faint o'r gloch ydi hi?"

"Dwi ddim yn gwbod faint o'r gloch ydi hi, ond dim ots am hynny. Mae'n fora Dolig ac mae Santa wedi bod!" Ew, mae brodyr mawr yn gallu bod yn ddi-ddallt weithia.

Ar ôl i mi ei ddeffro fo'n iawn, mi gododd Ger o'i wely a dŵad efo fi i llofft gefn i weld beth oedd Santa wedi'i adael i mi.

Ro'n i wedi cynhyrfu'n lân wrth dyrchu i mewn i'r hosan a thynnu'r petha ro'n i wedi'u cael gan Santa allan. Llyfr lliwio, creons, cas pensilia, jig-sô, siocled ac afal. Ond doedd 'na ddim golwg o ddim byd arall. Wnes i'm deud dim wrth Ger, ond mi 'nes i edrach o dan gwely'n ddistaw bach, rhag ofn bod 'na rwbath yn fanno. Doedd 'na ddim byd yno.

Mae'n rhaid nad o'n i wedi bod yn hogan ddigon da yn ystod y flwyddyn. Ro'n i wedi bosio Rodney Bach pan oedd o'n fyw ac ro'n i wedi helpu David Wyn i ddwyn rhosod Taid Ffon. Ro'n i wedi troi cefn ar Nain a Taid Si-So, er eu bod nhw'n hen ac yn unig. Ro'n i wedi chwerthin am ben Mrs D. P. Thomas a do'n i ddim yn agos wedi cadw at ei Deg Gorchymyn hi. Doedd dim rhyfadd nad oedd Santa wedi dŵad â beic i mi heb sôn am...

"Bet! Tyd yma," galwodd Ger. "Ti 'di gweld rhein?"

Roedd 'na gracer Dolig ar ben grisia ac un neu ddwy arall ar y grisia hefyd.

"'Rhen Santa druan. Wedi'u colli nhw o'i sach wrth

fynd lawr grisia neithiwr, mae'n siŵr," medda Ger. "Tyd i weld oes 'na fwy."

Dyma Ger a fi'n dilyn y llwybyr cracers i lawr grisia, trwy'r gegin ac at ddrws y parlwr.

"Paid! 'Dan ni ddim i fod mynd i mewn i'r parlwr achos..."

Ches i ddim gorffan. Roedd Ger wedi agor y drws ac wedi mynd i mewn i'r parlwr lle roedd y goedan Dolig ora welis i rioed yn ffenast ac addurniada'n hongian yn gadwyni pob lliw o'r to.

"Sut? Pryd?"

Yna, dyma fi'n ei gweld hi. Roedd hi'n sefyll yn y gornal ochor bella i lle tân. *Telifision*! Telifision yn 'yn parlwr ni!

Daeth Dad i mewn a deud, "Wel, dyna be dwi'n alw'n sypreis. Chwara teg i'r hen Santa."

Fedrwn i ddim coelio'r peth. Roedd Santa wedi dŵad â telifision i mi!

Fydda i ddim yn teimlo'n wahanol i'n ffrindia byth eto. Fedra i siarad am *Blue Peter* a'r petha yna i gyd efo Alwen Mai ac Alison Burtram rŵan, medda fi wrtha fi fy hun. Fedrwn i ddim aros i ddeud wrthyn nhw.

Ganol bora, daeth band y 'Rhendra i ganu carola o flaen Stryd Ni ac mi aethon ni i'r drws i wrando. Mi fydda Dad yn arfar chwara'r trombôn yn y band ers talwm, medda fo. Corn mawr hir efo peth yn sleidio i mewn ac allan ohono fo ydi trombôn. Ond pan nath o briodi Mam mi ddudodd hi fod yn rhaid i Dad ddewis rhyngddi hi a'r trombôn. Mam nath Dad ddewis.

Mi faswn i'n licio cael bod yn y band pan fydda i'n

hogan fawr a cael chwara'r trombôn fath â Dad. Mae David Wyn a'i frodyr yn y band hefyd. Newydd ddechra dysgu chwara'r cornet mae David Wyn ond mi fasach chi'n meddwl mai fo ydi'r chwaraewr gora fuo yn y band erioed. Roedd o'n llawar rhy bwysig i gymryd sylw ohona i bora Dolig. Felly, ar ôl iddyn nhw orffan chwara 'Dawel Nos', mi weiddis i, "Hei, David Wyn! Mae Santa wedi dŵad â telifision i mi!" Mi welis i ei lgada fo'n agor yn fawr fel soseri, ond nath o ddim cymryd arno ei fod o wedi clywad. Hy! Mi fydd o'n newid ei feddwl pan fydd o isio dŵad yma i weld *Laramie* neu *Bronco*, medda fi wrtha fi fy hun.

Mae Yncl Glyn yn dal yn y band. Nath o ddim rhoi'r gora iddi fath â Dad pan nath o briodi Anti Rosie. Mae Anti Rosie'n meddwl fod Yncl Glyn yn edrach yn smart iawn yn ei iwnifform band, medda hi.

"Oes 'na lun gwell arni bora 'ma?" galwodd Yncl Glyn cyn i'r band ailgychwyn chwara.

Edrychais ar Dad a dechra gofyn, "Sut oedd Yncl Glyn yn gwbod am y tel... ?" Ond cyn i mi gael gorffen, roedd y band wedi taro noda cynta 'O Deuwch Ffyddloniaid' a dyna lle roedd pawb yn stryd yn canu'r garol ar dop eu lleisia efo'r band.

Ar ôl bwyta llond ein bolia o ginio Dolig a helpu Mam i olchi llestri, dyma ni'n pedwar yn mynd i ista'n parlwr o flaen tanllwyth o dân braf i wylio'r telifision.

Syrcas oedd ymlaen, ac wrth i mi wylio'r llewod a'r eliffantod a'r clowns yn gneud campa, roedd fy meddwl i'n mynd yn ôl i'r adag yr ha dwytha pan ddaeth 'na syrcas go iawn i Cae Chwara 'Rhendra.

Roedd rhywun wedi gosod posteri ym mhob man ar hyd a lled 'Rhendra wythnosa cynt i ddeud fod y syrcas ar ei ffordd. Roedd plant 'Rysgol i gyd yn edrach ymlaen yn ofnadwy a doeddan ni'n gwneud dim ond chwara syrcas a siarad am y peth ar yr iard.

O'r diwedd, dyma hi'n cyrraedd. Roedd 'na baball fawr oedd yn streipia glas a melyn i gyd ar ganol y Cae Chwara. O gwmpas y baball, roedd 'na garafanna lle roedd pobol y syrcas yn byw. Ym mhen draw'r cae, roeddan nhw wedi gwneud lle i gadw'r anifeiliaid – y ceffyla ac un eliffant mawr.

Roedd John Wyn, brawd mawr David Wyn, wedi cael gwaith gan bobol y syrcas i llnau tail yr eliffant a dyma fo'n ei godi fo i ferfa Yncl Now a mynd â fo i'w werthu i Taid Ffon. Roedd Taid Ffon wrth ei fodd efo'r tail, medda fo, ac roedd o'n meddwl y basa fo'n beth da iawn i'w rosod.

Roedd David Wyn yn meddwl ei fod o'n bwysig ofnadwy am fod John Wyn wedi cael gwaith gan bobol y syrcas. Fasach chi'n meddwl mai fo oedd pia'r sioe. Roedd o'n dewis pwy oedd yn cael mynd i ben draw cae i weld yr eliffant. Doedd o ddim yn gadael i neb ond hogia mawr fynd yno.

"Chei di ddim mynd i weld yr eliffant, Beti Bwt," medda fo. "Rhaid i ti aros i weld y sioe."

Diwrnod wedyn, mi agorodd y syrcas ac, ar ôl talu am dicad, mi es i ac Alwen Mai i ista yn y rhes 'gosa at y cylch.

Ew! mi roedd y syrcas yn mynd yn dda. Ceffyla crand efo plu mawr pinc ar eu penna yn downsio rownd a rownd reit wrth ymyl Alwen Mai a fi. Yna, mi ddaeth yr eliffant a gneud pob math o dricia. Yna, daeth y clown ymlaen a gofyn os basa rhywun o'r gynulleidfa'n ei helpu fo i wneud tric.

Cyn iddo fo orffen gofyn, roedd David Wyn wedi neidio ar ei draed ac wedi brasgamu i mewn i'r cylch. Roedd y clown isio i David Wyn sefyll ar ei ddwylo fo er mwyn iddo fo'i luchio fo i'r awyr neu rwbath. Ond roedd gan David Wyn ei syniada'i hun am hynny a dyma fo'n sefyll ar dalcan y clown. Mi gafodd o goblyn o row a'i hel allan o'r syrcas. Roedd o'n flin am ddyddia ar ôl hynny.

"Beti! Ti'n cysgu?" medda Ger wrth fy ochor ar y soffa. Roedd gwres y tân, llond bol o ginio Dolig a'r holl gynnwrf wedi 'mlino i'n lân ac mae'n siŵr 'mod i wedi syrthio i gysgu wrth edrach ar y syrcas ar y telifision. Erbyn hyn, roedd honno wedi gorffan ac roedd 'na raglen arall ymlaen.

"Sbia drwy ffenast," medda Ger.

Gwthiais heibio i'r goedan Dolig a rhoi fy nhrwyn ar y gwydyr. Fedrwn i ddim credu'r peth. Er na fedrwn i weld allan yn glir gan ei bod hi'n dechra tw'llu, roedd hi'n bwrw eira.

Aeth Ger a fi i'r drws ond doedd dim posib mynd allan achos wrth i ni agor dim ond cil y drws, mi ddaeth 'na luwch o eira i mewn a disgyn fel blawd gwyn ar lawr y lobi. Do'n i rioed wedi gweld eira fel hyn o'r blaen.

"Ti'n meddwl byddan nhw'n canslo'r cyngerdd heno 'ma?" gofynnodd Mam yn ddigalon.

"Gobeithio'u bod nhw wedi canslo, wir," medda Dad.

"Tydi hi ddim ffit i neb droi allan o'u tai mewn tywydd fel hyn."

Ro'n i a Ger yn gwybod nad oedd Dad yn malio fawr am y cyngerdd ac roedd o wrth ei fodd yn cael esgus i aros adra i fy ngwarchod i bob blwyddyn. Ond mi fydda Mam yn edrach ymlaen at y Cyngerdd Mawreddog fydda'n cael ei gynnal bob noson Nadolig yn un o gapeli 'Rhendra ac mi fydda pobl enwog fath â David Lloyd yn dŵad yno i ganu, medda hi. Mi fydda brodyr Mam, Yncl Twm ac Yncl Wil Cae'r Delyn, a llwyth o bobl erill oedd yn perthyn iddi, yn dŵad yr holl ffordd o Ben Llŷn i'r cyngerdd bob blwyddyn ac mi fydda Mam yn gwneud llond platiad o frechdana cig gŵydd oer iddyn nhw i'w fwyta cyn iddyn nhw fynd 'nôl adra.

Erbyn i Mam ddŵad adra o'r cyngerdd flwyddyn dwytha, roedd Dad wedi paratoi swpar i'r teulu i gyd. Roedd o wedi cuddiad yr ŵydd yn cwt golchi ac wedi agor tun sardins a'u gosod nhw mewn powlan yn grand efo'u cynffonna i fyny. "Helpwch eich hunain," medda fo. "Dyma hi'r dorth." Mi gafodd o goblyn o row gan Mam ar ôl i bawb fynd adra am godi c'wilydd arni. Chwerthin nath Dad a deud y basa hi'n ddiolchgar iddo fo erbyn y diwrnod wedyn gan y bydda 'na ddigon o gig gŵydd ar ôl.

Cyn hir, mi ddaeth rhywun o'r pwyllgor i'r drws a deud na fydda'n bosibl cynnal cyngerdd y flwyddyn honno gan fod y lonydd i gyd wedi cau dan eira. Felly dyma ni'n swatio'n braf o flaen tân a sbio ar y telifision drwy gyda'r nos.

Mi gysgais i'n gwely Mam a Dad noson honno am ei bod hi mor oer. Ond cyn mynd i gysgu, mi gofiais i ddeud fy mhadar a diolch i Iesu Grist a Santa Clôs am y Dolig gora rioed. Dwi'n siŵr mai fi ydi'r hogan bach mwya lwcus yn y byd.

16

AMSAR CALAD

Nath yr eira ddisgynnodd ddiwrnod Dolig ddim symud am wythnosa. Roedd pob dim wedi rhewi'n gorn a'r eira'n dal fel plancad wen dros bob man.

Mi driodd Dad a dynion erill 'Rhendra fynd i fyny i Gwaith chydig ddyddia ar ôl Dolig, ond mi fuo'n rhaid iddyn nhw droi'n ôl. 'Na i byth anghofio'r olwg oedd ar Dad pan gyrhaeddodd o'n ôl i tŷ. Roedd ei gôt fawr o wedi rhewi'n galad amdano fo ac roedd hi mor stiff â charbod. Roedd pibonwy fath â'r rhai oedd yn hongian o landar y tŷ'n hongian o'i drwyn o. Rhowliodd Mam y cocomating oedd o flaen tân yn gegin a gosod tudalenna o'r *Cymro* yn ei le. Yna, dyma hi'n gwneud i Dad sefyll ar y papur. Yn ara bach, mi ddechreuodd o ddadmar.

Ar ôl i Dad ddod ato'i hun a chael panad gynnas, mi ddudodd o fod y tywydd yn gan gwaeth ar y mynydd ac nad oedd posib cyrraedd Gwaith Mawr, heb sôn am weithio yno.

Ar y dechra, ro'n i wrth fy modd yn edrach ar yr eira. Ond doedd o ddim y math o eira y basach chi'n gallu chwara ynddo fo chwaith – roedd o'n rhy galad ac roedd hi'n rhy oer i fod allan.

Daeth y flwyddyn newydd ac roedd Gwaith yn dal heb ailagor. Ro'n i'n licio cael Dad adra yn ystod dydd, ond roedd 'na ryw olwg bell ar ei wynab o a Mam.

Pan o'n i'n ista ar ben grisia'n gwrando un diwrnod, mi glywis i nhw'n siarad.

"Be nawn ni os bydd y tywydd yn para fel hyn yn hir a chditha ddim yn cael cyflog? Sut 'dan ni'n mynd i fyw? A be am y taliada newydd 'ma ers Dolig?"

"Ddylwn i ddim fod wedi gwrando ar Glyn. Dwi rioed wedi prynu dim ar y nefar-nefar o'r blaen."

Doeddwn i ddim yn dallt hannar y sgwrs, ond ro'n i'n dallt fod Mam a Dad yn poeni'n ofnadwy am rwbath.

Yna, dyma Dad yn deud, "Os bydd petha'n dal fel hyn, mi fydd rhaid iddi hi fynd yn ôl. Fedrwn ni ddim fforddio'i chadw hi."

Teimlais fy nghalon yn sincio. Oeddan nhw am fy ngyrru i'n ôl at Nyrs Clark neu at Iesu Grist am fy mod i'n rhy ddrud i 'nghadw?

Aeth wythnos arall heibio ac er bod y tywydd dal yn oer ofnadwy, mi agorodd yr ysgol.

"Bo-re da Miss Jen-kins. Sut ma'ch mam Miss Jen-kins?"

Rhedodd Miss Jenkins allan o'r dosbarth. Dwi'n meddwl ei bod hi'n crio. Dyma ni i gyd yn aros ar ein traed ac yn edrach ar ein gilydd. Be oedd matar ar Miss Jenkins? Oeddan ni wedi gwneud rwbath o'i le?

Cyn hir, daeth Mr Pritchard y Prifathro i mewn a deud wrtha ni ista lawr. Yna, dyma fo'n deud wrtha ni beidio gofyn sut roedd Mam Miss Jenkins eto gan ei bod hi wedi mynd at Iesu Grist yn ystod gwylia Dolig.

Daeth Miss Jenkins yn ôl i'r dosbarth cyn amsar chwara ac mi aethon ni 'mlaen efo'n gwaith fel arfar. Ond roedd hi'n anodd ofnadwy deud "Bore da Miss Jenkins" a chofio peidio cario 'mlaen efo'r "Sut ma'ch mam Miss Jenkins?" bob bora ar ôl hynny, a ninna wedi arfar ei ddeud o mor hir.

Er bod 'na dân mawr yn y grât yn 'yn dosbarth ni, roedd hi'n dal yn oer ofnadwy yna ac roedd yn rhaid i ni wisgo'n cotia drwy'r dydd. Mi fydda Alwen Mai a fi'n tynnu'n sgidia ac yn rhwbio'n traed yn gyflym, gyflym ar hyd llawr pren y dosbarth er mwyn trio'u cynhesu nhw. Roedd gen i losg eira ar fys bach fy nhroed ac roedd o'n cosi'n ofnadwy.

"Hy! Dach chi'n meddwl ei bod hi'n oer yn dosbarth babanod?" medda Alwyn Roberts wrthan ni ar ffordd adra un diwrnod. "Be 'sa chi'n dosbarth Miss Lewis, 'ta? Mae hi'n cadw'r tân i gyd iddi hi hun ac yn codi'i sgert er mwyn c'nesu'i phen-ôl mawr o'i flaen o. 'Dan ni'n cael dim gwres."

O'r diwadd, ar ôl tair wythnos, mi ddechreuodd yr eira ddadmar. Yn lle bod yn glaer wyn fel roedd o diwrnod Dolig, roedd o'n fudur ac yn slwj i gyd ar ochor lôn.

Daeth gwên yn ôl i wynab Dad ac roedd o'n ysu am gael ailddechra gweithio. Roedd o a'r dynion erill wedi clirio ffordd i fyny i'r Gwaith ac roeddan nhw wedi bod yno bob dydd trwy'r tywydd oer, ond doeddan nhw ddim wedi gallu gweithio.

"Mi fydd pob dim yn iawn rŵan," medda fo wrth

Mam. "Rydan ni wedi gallu byw hyd yma, diolch i ti. Mi ddudodd 'y Nhad wrtha i ryw dro am chwilio am wraig fasa'n gallu gneud pryd o fwyd o goes las. Mi rwyt ti wedi gallu gneud mwy na hynny. Dwn i ddim sut wyt ti wedi gallu'n bwydo ni mor dda a dim pres yn dod i mewn."

Roedd Mam wedi'i phlesio pan glywodd hi hyn a dyma hi'n atab, "Merch ffarm ydw i, cofia, ac rydw i wedi arfar gweld Mam yn bwydo llond tŷ ohonan ni yng Nghae'r Delyn pan oedd amsar yn galad iawn."

Daeth teimlad cynnas, braf drosta i wrth glywad Mam a Dad yn siarad fel hyn. Doeddan nhw ddim wedi sôn am gael gwared arna i wedyn chwaith. A rŵan bod Gwaith Mawr yn ailagor, mi fydda pob dim yn iawn.

Ond, doeddan nhw ddim. Ddim o bell ffordd.

Daeth y dynion i gyd adra o'r Gwaith cyn amsar cinio'r diwrnod hwnnw. Doedd 'na ddim gwaith iddyn nhw. Roedd y chwaral wedi cau am byth a dynion 'Rhendra bron i gyd wedi'u rhoi ar y dôl.

Mi fuo fo'n aeaf anodd iawn. Mi fuo'n rhaid i'r telifision gael ei gwerthu. Yn rhyfadd iawn, doedd hynny ddim yn poeni llawer arna i, achos ro'n i mor falch o ddallt mai am y telifision roedd Mam a Dad wedi bod yn sôn ac nid amdana i.

Cychwynnodd Dad ac Yncl Glyn yn y car un ben bora am rwla, ond naethon nhw ddim deud wrtha i lle roeddan nhw'n mynd. Roedd Yncl Glyn wedi bod yn poeni'n ofnadwy hefyd am nad oedd ganddo fo waith.

"Mae'r taliada mor uchal," medda fo. "Dwi wedi prynu gymaint o betha ar y nefar-nefar. Os na ddaw 'na rwbath o hyn heddiw, mi fydd yn rhaid i mi werthu'r car 'ma. Dwn i ddim be neith Rosie hebddo fo chwaith – mi fydd hi'n torri'i chalon."

Am unwaith, mi ddaliodd Dad ei dafod ond roedd yr olwg ar ei wynab yn deud y cwbwl.

"Lle mae Dad ac Yncl Glyn 'di mynd?" gofynnais i Mam ar ôl iddyn nhw ada'l.

"Maen nhw wedi mynd i chwilio am waith," medda Mam.

Mi groesais i 'mysadd ac anfon gweddi fach at Iesu Grist, "Plîs, Iesu Grist, 'nei di helpu Dad ac Yncl Glyn gael gwaith yn Dre. Amen."

Ro'n i wedi mynd i 'ngwely cyn i Dad gyrraedd adra'r noson honno. Ond pan glywais i o'n dod i'r tŷ, dyma fi'n codi'n ddistaw bach ac ista ar ben grisia i wrando.

'Nes i ddim dallt llawar o'r sgwrs ond o wrando ar lais Dad, roedd o'n swnio'n hapus. Mae'n rhaid ei fod o wedi cael gwaith yn Dre felly. Mi es i'n ôl i'r gwely a chysgu. Ond dwi'n meddwl fod Dad, Mam a Ger wedi bod ar eu traed yn hwyr iawn, iawn y noson honno.

Ar ôl swpar chwaral y noson wedyn (roeddan ni'n dal i'w alw fo'n swpar chwaral er nad oedd neb yn gweithio'n Gwaith erbyn hyn), mi ddudodd Dad ei fod o isio siarad efo fi.

"Dwi wedi cael gwaith," medda fo.

"Dwi mor falch, Dad," medda fi. "Mi fyddwch chi wrth eich bodd yn gweithio'n Dre efo... "

"Gwranda," medda fo. "Dwi wedi cael gwaith yn

Birkenhead, mewn iard longa anfarth o'r enw Camel Laird."

Doeddwn i rioed wedi clywad sôn am y Birkenhead 'ma o'r blaen. A be oedd hyn am gamal? Anifeiliaid efo lwmp mawr ar eu cefna ydi camelod ac roedd y Doethion wedi dod ar gefn rhai pan oeddan nhw'n dŵad ag aur, thus a myrr i Iesu Grist. Oedd Dad wedi cael gwaith yn edrach ar ôl camal?

Mi gymrodd hi amsar hir i Dad fy rhoi i ar ddallt ei fod o wedi cael gwaith yn y lle 'ma o'r enw Birkenhead oedd yn ymyl Lerpwl. Roedd o ac Yncl Glyn wedi clywad bod 'na fand da iawn yn yr iard longa a bod y bobl oedd pia'r lle'n falch o roi gwaith i ddynion oedd yn gallu chwara mewn band.

"Felly, mi fydd yn rhaid i mi ailafael yn yr hen drombôn," medda Dad.

Ro'n i'n gwybod lle roedd Lerpwl achos ro'n i wedi bod yno efo trên o Fangor un tro i weld Nain Cae'r Delyn yn y 'sbyty.

"Ond, Dad, os ydi Birkenhead yn ymyl Lerpwl, mae o'n bell ofnadwy, yn tydi? Sut dach chi'n am fynd 'nôl a blaen bob diwrnod?"

Cymrodd Dad amsar i egluro pob dim i mi. Mi fydda fo ac Yncl Glyn yn dechra gweithio yn Birkenhead wythnos wedyn ac yna mi fydda fo'n chwilio am le i ni fyw yn Lerpwl. Fydda Ger ddim yn dŵad efo ni gan mai dim ond blwyddyn a hannar oedd ganddo fo ar ôl yn Cownti cyn ei bod hi'n amsar iddo fo fynd i'r Coleg. Mi fydda fo'n mynd i aros at Nain ac Yncl Twm ac Yncl Wil yng Nghae'r Delyn ac yn dŵad atan ni'n ystod y gwylia.

Ar ôl clywad hyn i gyd, roedd 'y mhen i'n troi. Un munud, ro'n i'n cynhyrfu'n lân. Fi yn byw yn Lerpwl? Ond heb Ger? Ro'n i'n gallu teimlo'r dagra'n casglu yng nghornal fy llygad.

O dipyn i beth, mi ddaeth hi'n amlwg i mi 'mod i'n mynd i golli pob dim. Alwen Mai, Alison Burtram, Miss Jenkins, holl blant 'Rysgol, pobl Capal, pobl 'Rhendra a phobl Stryd Ni. Faswn i byth yn cael chwarae cowbois efo David Wyn eto na gweld Elen Wyn yn tyfu i fod yn ddigon mawr i chwara efo fi. Mi fasa'n rhaid i mi fynd i ysgol newydd yn Lerpwl lle doedd neb yn fy nabod i... a neb yn siarad Cymraeg.

"Ydi'n rhaid i ni fynd i Lerpwl, Dad? Fedrwch chi ddim cael gwaith yn nes adra?"

Ysgwyd ei ben nath Dad a deud ei fod o wedi trio'i ora. Dwi'n meddwl fod 'na ddagra yn ei lygad o hefyd pan gododd o a mynd allan.

"Rhaid i ni fod yn gefn i Dad rŵan, cofia," medda Mam. "Dydi be mae o wedi gorfod ei neud ddim yn hawdd iddo fo. Mae o'n gwybod nad ydan ni ddim isio gadael fama. Tydw i ddim isio mynd chwaith. Tydi Ger ddim isio aros yng Nghae'r Delyn a tydi Dad ei hun ddim isio gadael y 'Rhendra 'ma lle mae o wedi byw ar hyd ei oes. Ond roedd yn rhaid iddo fo gael gwaith er mwyn i ni gael pres i fyw. Felly, paid ti â gneud petha'n waeth wrth gwyno. Mi fydda i a Dad efo chdi yn Lerpwl, cofia."

Do'n i ddim wedi arfar clywad Mam yn siarad mor hir â hyn efo fi o'r blaen. Ond ro'n i'n gwybod ei bod hi'n hollol o ddifri ac mi 'nes i addo y baswn i'n gwneud fy ngora i beidio dangos i Dad 'mod i'n torri 'nghalon.

Mi gadwais y newyddion i mi fy hun am hir achos ro'n i'n gobeithio y basa 'na rwbath yn digwydd ac na fasa'n rhaid i ni fynd i ffwrdd yn diwadd. Ond ar ôl i bob dim gael ei drefnu, dyma fi'n torri'r newyddion i Alwen Mai pan oeddan ni ar ein ffordd adra o 'Rysgol un pnawn.

"'Dan ni'n symud i Lerpwl."

Nath Alwen Mai ddim atab am funud. Ond yna dyma hi'n stopio'n ganol lôn a sbio arna i. "Be ti'n feddwl symud i Lerpwl?"

"Symud i fyw."

"Paid â malu. Ti'n tynnu 'nghoes i."

"Na, dwi'n deud gwir. Ma Dad wedi cael tŷ i ni a bob dim."

"Ond fedri di ddim mynd. Be dwi fod i neud hebddat ti?"

Roedd yr hen lwmp 'na oedd wedi bod yn fy ngwddw i ers pan glywis i am Lerpwl yn mynd yn fwy ac yn fwy nes roedd o bron â 'nhagu i. A phan welis i'r dagra'n dechra rowlio i lawr bocha Alwen Mai, dyma fo'n byrstio.

Mi fuo'r ddwy ohonan ni'n gafael yn dynn am ein gilydd ac yn beichio crio ar ganol lôn am amsar hir. Ac am unwaith doedd dim ots gen i pwy fasa'n gweld, fedrwn i ddim stopio.

Yna, yn y diwedd, dyma Alwen Mai yn estyn hancas o bocad ei chôt ac ar ôl chwythu'i thrwyn yn galad, dyma hi'n sychu 'nagra inna.

Yn ara deg bach, dyma wên yn dŵad dros ei gwynab hi fath â haul yn dŵad o'r tu ôl i gwmwl.

"Dwi newydd feddwl am rwbath," medda hi. "Yn

Lerpwl bydd Dad yn docio'i long bob tro bydd o'n dŵad adra o'r môr. Mi fedra i ddŵad i dy weld di bob tro bydd Mam a fi'n mynd i'w gwarfod o."

"Ti'n gaddo?" medda fi drwy 'nagra.

"Wel, yndw siŵr! Chdi ydi fy ffrind gora fi, 'te!"

Ro'n i'n teimlo'n well ar ôl hynny.

GADAEL

O'r diwadd, mae'r diwrnod wedi cyrraedd. Heddiw 'dan ni'n symud. Hen fora glawog, llwyd ydi hi hefyd.

Mi aeth Ger i Gae'r Delyn yn fan Yncl Twm neithiwr. Mae'i lofft o'n wag i gyd. Er ei fod o a fi wedi trio bod yn ddewr, roedd 'na ddagra'n llifo lawr ein bocha ni. Yna, mi afaelodd amdana fi'n dynn a deud y basa fo'n sgwennu ata i bob wythnos ac y basa fo'n dod i Lerpwl dros wylia'r Pasg.

Mae pob dim wedi'i bacio mewn bocsys a'r dodrefn wedi cael eu llwytho i'r fan fawr sy am fynd â ni i ffwrdd.

Dwi'n cerddad o stafall i stafall. Mae pob man mor wag ac oer.

Wrth sefyll ar ganol llawr parlwr, fedra i ddim peidio meddwl am ddiwrnod Dolig dwytha, ac mor wahanol oedd pob dim y diwrnod hwnnw. Heddiw, does 'na ddim coedan, dim tanllwyth o dân, dim telifision, dim Ger... Am ryw reswm mae geiria fy hen lyfr darllan yn dŵad yn ôl i mi: *Dim tŷ bach twt...*

"Tyd, rŵan," medda Mam gan afael yn fy mraich i. "Mae pob dim wedi'i lwytho ar y fan. Mae'n amsar i ni adael."

Mae Alwen Mai a'i mam a phobl y Stryd i gyd allan o flaen tŷ ni. Mae hyd yn oed Nain Si-So wedi dod i'r drws.

Dwi'n ffarwelio efo pawb cyn dringo i ffrynt y fan ddodrefn.

"Hei, Beti Bwt! Doeddat ti ddim yn rhy ddrwg, o feddwl mai hogan oeddat ti. Dyma i ti rwbath i gofio amdana i." Stwffiodd David Wyn rwbath wedi'i bacio mewn papur llwyd i 'nwylo i.

"Come on, let's get a move on!" Roedd dyn y fan yn dechra blino aros.

Does 'na ddim amsar i ddeud dim wrth David Wyn achos mae'n rhaid i mi fynd reit handi cyn i'r dyn wylltio.

Rŵan 'mod i'n ista yn ffrynt y fan, dwi'n cael cyfla i rwygo cornal bach o'r papur llwyd sydd am y parsal. Mae David Wyn wedi rhoi ei hoff lun o Defi Crocet i mi. Dwi'n edrach trwy ffenast y fan, ond rydan ni wedi gadael Stryd Ni'n barod ac rydan ni wedi cychwyn ar y ffordd i'n bywyd newydd.

Yn Lerpwl.

Am restr gyflawn o nofelau cyfoes Y Lolfa,
mynnwch gopi o'n catalog rhad
neu hwyliwch i mewn i'n gwefan

www.ylolfa.com

lle gallwch archebu llyfrau ar lein

TALYBONT CEREDIGION CYMRU SY24 5AP
ebost ylolfa@ylolfa.com
gwefan www.ylolfa.com
ffôn 01970 832 304
ffacs 832 782